내 친구
압돌와합을
소개합니다

내 친구
압둘와합을 소개합니다

어느 수줍은 국어 교사의 특별한 시리아 친구 이야기

김혜진 지음

 원더박스

오래전부터 저의 친구 와합의 이야기를 누군가가 우리 사회에 들려주기를 바랐습니다.

제가 알고 있는 와합과 그 가족 이야기, 시리아 이야기를 사람들에게 알려 주면, 제가 그랬던 것처럼, 많은 이들이 시리아에 친밀감을 느끼게 되고, 또 시리아의 비극에도 자연스럽게 마음이 가지 않을까 싶었습니다. 앎은 이해를 불러오고 이해는 공감으로 향하는 길이니까요.

와합이 직접 책을 쓰거나, 와합의 절친한 형님이자 시리아에서 산 적도 있는 사피웃딘 님이 쓰기를 기다렸습니다. 하지만 기다리다 못해 결국 제가 용기를 내어 집필을 시작했습니다.

시작한 지 얼마 되지 않았을 때였습니다. 갑자기 와합 주변 몇 곳에서 와합의 이야기를 책으로 내고 싶다는 제안이 들어왔습니다. 그래서 이제 쓰는 일은 전문적인 작가에게 맡겨도 되겠구나 생각했지요. 바로 그때 와합이 제게 말했습니다.

"나는 내 가족과 시리아 이야기를 쓸 사람으로, 누나나 사피윳딘 형님이 가장 적임자라고 생각해요. 전문 작가의 글 실력이 더 뛰어날 수도 있겠죠. 하지만 나와 내 가족 이야기를 진솔하게 써 줄 수 있는 사람은 '가족 같은 친구들'밖에 없다고 생각해요. 내 이야기를 그냥 전해 듣고 쓰는 사람의 글과, 함께 가족 문제를 두고 고민하고 같이 시리아를 돕는 활동을 해 온 사람이 쓰는 글이 같을까요? 하나만 약속해 주세요. 중간에 절대 포기하지 않고 끝까지 쓸 거라고."

이런 말을 듣고 나니 절대 도중에 그만둘 수가 없었습니다. 하지만 책 쓰기가 처음이라 온통 낯설었습니다. 귀한 이야기를 받긴 했는데 과연 내 글을 출판사에서 출간해 줄까, 우리 사회와는 관련이 먼 딴 나라 일인 전쟁과 난민 이야기에 사람들이 관심을 가질까 등등 고민이 많았지요.

하지만 얼마 있지 않아 제주도에 예멘 난민들이 찾아왔고, 난민 이야기는 더 이상 남의 나라 일이 아닌 우리와도 직접 연관된 이야기가 되었습니다. 그 과정을 보면서 어서 이 책을 꼭 완성해야겠다고 마음을 다잡았습니다.

한번은 "책을 이렇게 쓰고 있다"며 와합에게 원고의 앞부분만 살짝 보여 준 적이 있습니다. 잠시 후 보니, 글을 읽다 말고 와합이 눈물을 뚝뚝 흘리고 있는 게 아니겠어요.

"왜, 왜, 우는 거야? 아니, 거기 어디 눈물 흘릴 부분이 있다고⋯⋯."

와합은 인사동 골목을 거닐던 이야기를 적은 부분에서 읽기를 멈추고 울고 있었습니다. 다마스쿠스의 올드 시티, 그리고 여름밤의 재스민 향기를 떠올리던 그때, 아니 그때보다 더 짙어진 그리움 탓이었겠지요. 아무리 이해한다고 해도, 또 공감한다고 해도, 누군가의 아픔을 오롯이 공감하기는 어려운 일이란 걸 다시금 실감했습니다.

너무 큰 욕심을 내지 않고, 그저 내가 와합과 함께 겪은 일들을 담담하게 소개하자고 마음먹었습니다. 이슬람과 시리아에 무지한 내가 엉뚱한 오해를 잔뜩 했던 첫 만남의 기억에서부터 이따금 재미나게 들었던 와합의 어린 시절과 시리아에 있었을 때 이야기, 함께 헬프시리아를 만들고 활동해 온 이야기, 와합의 가족이 위기에 처했을 때 같이 발을 동동 굴렀던 기억, 터키에서 와합 가족과 보낸 일주일, 그리고 2018년 예멘 난민들이 제주도를 찾으면서 벌어진 상황 속에서 했던 생각들을 꾸밈없이 써 보려고 했습니다.

그런데 아무래도 시리아에 대한 지식이 부족하다 보니 중간중간 막히는 부분이 있었습니다. 그때마다 와합에게 이것저것 물어보다가 결국에는 이 책 안에 '압둘와합이 들려주는 시리아

이야기'라는 코너를 따로 만들게 되었습니다. 와합이 직접 소개하는 시리아 역사, 혁명, 전쟁, 난민 그리고 따뜻하고 아름다운 시리아 문화 이야기는 '시리아인(아랍인)의 관점에서 이야기하는 시리아'를 알 수 있어서 더욱 소중할 것입니다.

그러나 와합은 이 글을 쓰면서 스스로 상처를 헤집는 고통과 그리움에 많은 눈물을 흘렸을 겁니다. 끊임없이 기억을 환기시키는 제 질문에도 숨이 막혔을 거고요. 책을 쓰고 난 지금은 조금 더 알 것 같기도 합니다. 그럼에도 최선을 다해 시리아에 대해서 알려 주고, 또 이 보석 같은 이야기의 집필을 맡겨 준 와합이 참 고맙습니다. 그 무엇보다 와합을 만나고 나서 제 삶이 한층 깊어졌습니다. 이것이야말로 이 시리아 친구를 통해 받은 가장 큰 선물 아닐까 합니다.

이 책이 널리 읽혔으면 좋겠습니다. 난민이나 이주민과 함께 사는 삶은 이제 더 이상 다른 나라 이야기가 아닙니다. 이 책을 통해 우리 사회에서 소수자로 살아가는 사람들의 삶을 생각해 보고, 공존하는 삶에 대해 생각해 봤으면 좋겠습니다. 그리고 그들과 거리감을 좁혔으면 합니다. 특히, 앞으로 더 넓고 다양해진 사회에서 살아갈 미래 세대 독자들이 이 책을 많이 읽었으면 좋겠습니다. 그들이 누군가의 아픔에 공감할 줄 알고, 그 공감을 지구촌 너머까지 확대할 수 있는 이로 자랐으면 합니다. 학교에서 세계 시민 교육이 점점 부각되고 있는 것도 이런 이유에서일 겁니다.

작년 늦가을, 지난한 시간을 지나 초고를 탈고했을 때 와합이 작은 재스민 화분을 하나 제게 선물로 줬습니다. 우연히 발견했다면서 무척 반가운 얼굴을 하고 있었던 게 기억납니다. 이 화분은 식물 기르기에 젬병인 저를 대신해서 동생이 물을 주고 햇살을 쬐어 주며 정성껏 기르고 있습니다. 시리아가 아닌 한국이어선지 와합의 말과 달리 향이 멀리멀리 퍼지지는 않았지만 조롱조롱 달린 하얀 꽃들을 볼 때마다 시리아가 떠오릅니다.

이 책이 출간되는 2021년은 시리아에서 전쟁이 일어난 지 정확히 10년이 되는 해입니다. 너무나 긴 전쟁, 쉽게 오지 않는 평화로 시리아는 잊히고 있습니다. 더구나 1년 넘게 계속되고 있는 코로나19로 우리의 삶도 꽁꽁 얼어붙었지요. 내 코가 석 자인데 어디 남의 어려움까지 살펴보기가 쉬울까요. 그래서 작년은 난민들에게 더 소외되고 고통스러운 한 해였을지도 모르겠습니다. 그럼에도 꿈꾸어 봅니다. 어딘가에 존재할 따뜻한 온기를. 그리고 이 책이 그 온기를 불러 모으는 작은 시작이 되기를.

"혼자 꾸는 꿈은 꿈일 뿐이지만 함께 꾸면 현실이 된다."(오노 요코)

와합이 강연에서 자주 인용하는 문장입니다. 이 책을 읽고

시리아의 아픔에 공감하는 이가, 더 나아가 평화를 향한 꿈을
함께 꾸는 와합의 친구가 한 명이라도 더 늘면 좋겠습니다.

압둘와합의 친구
김혜진 드림

차례

*
*

1장

낯선 문명과 만나다

내키지 않는 약속

"덜컹덜컹."

무더운 여름날이었다.

강남역으로 향하는 전철 안. 에어컨이 가동되고 있는데도 가만히 앉아만 있어도 땀이 송글송글 맺혔다. 영 내키지 않는 만남 때문일까. 더위 때문이라고만은 할 수 없는 짜증이 속에서 한 번씩 밀려 올라왔다. 핸드폰 진동이 느껴진다. 후배 명이다. 받을까 말까 망설이다가 받았다.

"여보세요? 왜……?"

"언니? 지금 가고 있어? 오늘이지? 하 선생님께서 부탁하셨다는 그 사람 만나러 가는 날이."

"응."

건조하게 대답했다.

"이름이 뭐라고 했지?"

명의 목소리에 살포시 장난기가 어린다.

그 호기심과 장난기가 미묘하게 느껴지는 순간 아까부터 밀려오던 짜증이 다시금 올라왔지만, 애써 또 한 번 누르고 심드렁하게 말했다.

"와합."

잠깐 머뭇거리다, 뜯어 붙이듯 덧붙였다.

"압둘와합."

"압둘~~~~? 호호호호호. 압~둘~?"

순간 지금껏 참았던 신경질이 결국 치밀어 올라 쏘아붙였다.

"뭐가 그렇게 웃겨? 날도 더워 죽겠는데. 전화는 왜? 무슨 중요한 할 말 있어?"

명이 애써 웃음을 참으며 답했다.

"아니, 왜 화를 내? 그냥 잘 가고 있나 궁금해서 전화해 봤지."

날이 너무 더워서 나도 모르게 짜증이 났다고, 통화하기도 더우니 중요한 얘기 아니면 다음에 하자고 말하곤 부랴부랴 끊어 버렸다.

명이 왜 웃는지 이해가 간다. 왜 전화했는지도 안다. 외국인을 만나러 가는 것도 흥미로운데 생소한 아랍인이라니!

명과 같이 구경꾼의 입장이었다면 난 명보다 더 신났을 거다. 하지만 지금은 그 사람을 만나러 가야 하는 당사자다. 재미는커녕 무어라 딱 꼬집어 설명할 수 없는 거리낌.

'압둘'이라는 아랍 느낌 풀풀 나는 이름부터 부담스럽다.

'하필 이름도 왜 압둘이야, 압둘은.'

명에겐 일부러 처음에 '와합'이라고만 했다. '압둘'이라고 덧붙이는 순간, 아니나 다를까 명은 웃음보를 터뜨렸다. 공연히 남의 귀한 이름 가지고 이게 뭐하는 짓인가 싶으면서도 어딘가 불편한 마음은 가시지를 않는다.

이유는? 모르겠다…….

그보다 얼마 전, 중학교 은사님인 하 선생님이 오랜만에 전화를 하셔서 다짜고짜 한 시리아 청년을 만나 보라고 하셨다.

"내가 얼마 전에 아주 멋진 20대 청년을 하나 알게 되었는데 생각도 바르고, 엄청 진취적이고 도전적인 사람이야. 속도 깊고. 또 이야기를 하는데 얼마나 화제도 다양하고 재밌는 친구던지……."

선생님의 계속되는 인물 소개를 들으며, '또 선생님의 호기심을 자극하는(?) 매력적인 인물이 하나 등장했구나' 생각하며 미소를 지었고 열심히 호응했다. 그런데 열정적으로 인물 소개를 하던 선생님이 대뜸 이러시는 것 아닌가.

"그래선데, 너 한번 만나 봐라."

"……네?! 제가……요?"

"그래. 우리나라에 유학 와서, 대학원에서 법학을 공부하고 있는데 이제 논문도 쓰고 해야 하나 봐. 네가 국어 교사이니 논문 쓰는 것도 좀 살펴봐 주고. 그리고 외국 생활하니까 어려움이 많을 것 아니니. 좀 도와주고 그러면 좋겠는데……."

"……."

"내가 있는 부산에 있으면 돌봐 주겠는데 서울에 살고 있으니 아무래도 챙겨 주기 어렵잖니. 그 친구에게 '서울에 내가 아끼는, 사람 좋은 제자가 한 명 있으니 그 애가 도와줄 거야. 그러니 꼭 만나 보라'고 했지. 호호호호. 너 괜찮지? 도와줄 거지?"

"……."

"여보세요, 여보세요? 혜진아? 너 싫은 거니? 혹시 시리아 사람이라서 싫니? 싫으면 싫다고 얘기해도 돼."

"아! 아, 아니에요. 선생님! 싫은 건 아니에요. 그런 건 아닌데……."

사실은 싫었다.

하 선생님은 내가 중학교 1학년 때부터 지금까지 계속 인연을 이어 오고 있는 분으로, 굉장히 개성이 강하고 오픈 마인드에 열정적이시다. 처음 보는 사람이라도 외모와 범상치 않은 멋진 패션에서부터 한눈에 그 기운을 느낄 만큼.

매사에 호기심과 인정이 많고 사람들과 어울리는 것을 좋아하셔서, 선생님을 뵙다 보면 뜻하지 않게 다양한 분야의 사람들을 만나게 되는 경우가 종종 있기는 했다. 그런데 이제는 외국인까지 혼자 만나 보라고 하시다니!

나는 선생님의 성향과는 정반대 사람에 가깝다. 수줍음이 많고 내성적이다. 낯선 사람을 자연스럽지 못한 상황에서 만나는 것을 꺼린다. 다만 사람에 대한 호기심은 많아서 다양한 사람들을 알아 가는 것은 좋아한다. 그런데 선생님과 함께 자연스럽게 만나는 것도 아니고, 한 번도 만나 본 적이 없는 사람을, 그것도 외국인 남성을 혼자 만나 보라고 하시니 적잖이 당황스러웠다. 게다가 국어 교사가 법학 논문을 얼마나 도와줄 수 있다고.

하지만 소개팅을 하라는 것도 아니고(아닐 거라고 생각은 했지만 선생님의 독특한 면을 알기에 여러 번 확인했다) 선생님을 대신해서 도와줬으면 한다고 열심히 부탁하시는데, 차마 거절할 수가 없었다. 선생님과의 정과 의리가 가장 큰 이유였다.

한국에 사는 외국인과 친구가 되는 것도 낯선 일은 아니었다. 나도 예전에 잠시 타국에서 생활할 때 고맙게도 현지인들에게 많은 도움을 받았다. 그 후로 한국에 온 외국인을 몇 명알게 되었고 우리나라에서 지내는 동안 도와준 적도 있다. 물론 아주 자연스럽게 알게 되고 친구가 되어서, 어색하고 느닷없는 이 상황과는 전혀 달랐지만.

그리고 선생님의 '시리아 사람이어서 싫냐'는 말씀도 거절할 수 없었던 이유 중 하나였다. 이렇게 표현하기 조금 민망하지만, 그 말씀을 들은 뒤에 거절을 하면 마치 내가 국적에 따라 사람을 차별하는 사람으로 느껴지지 않겠는가? 그런 생각이 드는 순간, 선생님이 그리 생각하시든 안 하시든지 간에 거절하기에는 왠지 스스로에게 떳떳지 않았다. 현명하신 스승님의 제자 공략법(?)에 넘어간 건지는 몰라도.

낯선 세계로의 문이 열리다

강남역에 있는 터키 음식점에 도착했다.

내가 먼저 도착했는지, 혼자 앉아 있는 외국인의 모습은 보이지 않았다. 핸드폰을 확인해 보니 문자가 와 있었다. 일이 있어서 교외로 나왔는데 차가 너무 막혀서 늦을 것 같다는 내용이었다.

시리아 청년과는 아직 통화를 해 본 적이 없었다. 하 선생님과의 통화에서는 요즘 너무 바쁘니 방학을 한 후에 만나 보겠다고, 사실이면서도 핑계인 이유를 말씀드리고 일단 뒤로 미뤘다. 시리아 청년에게서도 문자가(아마도 선생님의 강한 권유로 인한 듯한) 왔으나 같은 답을 보냈다. 미루다 보면 흐지부지되지 않을까 하는 계산에서였다.

그러나 방학을 하자마자 선생님은 기다렸다는 듯이 연락을 하셨고 더는 피할 길이 없었다. 할 수 없이 청년이랑 구체적으로 날짜를 잡기로 했다. 하지만 도저히 통화는 할 수가 없었다. 어색하기도 하고 언어가 안 통할까 봐 무섭기도(?) 했으니까. 다행히 시리아 청년 쪽에서 짧은 문자만 보내 와서 나도 문자로만 짧게 연락을 했다.

식당에 자리를 잡고 앉았다. 땀을 식히며 앞으로 벌어질 상황을 머릿속에 그려 보았다. 무엇보다 가장 마음에 걸리는 것은 언어였다. 선생님 말씀으로는 한국어를 잘한다고 했으나, 그 '잘'이란 것이 어느 정도일까? 대화는 가능할까? 말이 안 통해서 부족한 영어로 버벅대며 간신히 말을 이어 나가야 하는 것은 아닐까?

앞서 말했듯이 나는 낯을 많이 가릴 뿐만 아니라 낯선 사람들의 시선을 받는 것도 크게 부담을 느낀다. 가끔 사람들이 그렇게 부끄러움이 많은데 교사는 어떻게 하느냐고 물을 정도로. 그러니 나이가 한참 어리다고 하나 생판 모르는 외국인 남성과 단 둘이만 만나는 것은 부담스러운 일이다. 사람들의 호기심 어린 시선이 닿을까 봐 신경이 쓰였다.

그런데 말까지 안 통하면? 더듬더듬 안되는 영어와 한국어를 섞어서 대화하는 모습, 그 모습을 힐끗힐끗 쳐다보는 주변 테이블에 앉아 있는 사람들의 시선.

혼자서 상상의 나래를 펼치다 보니 어찌해야 하나 눈앞이 깜깜해졌다. 더구나 이 친구…… 차가 막혀서 늦는다는 문자만 하나 보낸 후로 30분이 훌쩍 넘었는데도 오지를 않는다. 연인과 가족으로 북적이는 주변 테이블 사이에서 혼자만 오도카니 앉아 있는 것이 민망하기 시작했다. 왠지 주변의 시선들이 한 번씩 내게 머물렀다 가는 듯한 느낌도 들고. 그런데 그 외국인 청년이 오면 앞으로 더 시선을 받을지도 모른다고 생각하니 슬슬 부아가 났다.

'뭐야, 이 친구…… 초면에 실례잖아! 지금이 몇 신데…….'

그때였다.
"안녕하세요?"
"압둘와합이라고 합니다."
약간 어색한 한국어 말투가 들렸다.

고개를 들어 보니 거의 단발에 가까운 길이의 헤어스타일에, 부리부리하면서도 선량한 눈매를 한 청년이 서 있었다.

돌이켜 생각해 보면 그것은 알지 못했던 또 다른 세계, 지금껏 관심도 없었고 전혀 몰랐던 낯선 세계로의 문이 열리는 순간이었다. 그리고 지금 내가 이 글을 쓰게 된 시발점이기도 한.

아무튼, 너무나도 낯선 문명의 입구가 눈앞에 서 있었다.

라, 라마단?!

다행히 그 전까지의 내 걱정이 무색할 정도로 대화는 별다른 어려움이 없었다. 한국에 온 지 거의 3년이 되어 간다는 시리아 청년은 우리나라 말을 곧잘 했다. 한국에 와서야 한국어를 처음으로 배웠다는데, 어학 능력이 상당히 우수한 사람인 것 같았다.

온갖 상상(?)을 하게 했던 의사소통 문제가 싱거울 정도로 무난하게 해결되고 나니, 앞에 앉아 있는 청년을 찬찬히 살펴볼 마음의 여유가 생겼다. 아랍인을 이렇게 가까이서 대면한 것은 처음이었다. 물론 시리아인을 만나는 것도.

서둘러 오느라 그랬는지 옅은 다갈색 얼굴과 팔은 땀으로 반질반질 젖어 있었고 손에는 때가 묻어 약간 꾀죄죄해진 하얀 붕대를 감고 있었다. 물어보니 얼마 전 운동을 하다가 다쳤다고 한다. 새카맣고 숱이 많은 곱슬머리와 머리카락에 못지않은 짙은 눈썹. 조금은 어색하리만큼 상당히 높게 솟은 코. 턱 전체와 뺨의 절반에 걸쳐 있는 면도한 수염의 흔적들. 무엇보다 인상적인 것은 눈이었다. 많은 여성들이 부러워할, 마치 인조 속눈썹을 붙인 듯이 숱이 많고 긴 속눈썹 아래에는 영리해 보이면서도 어딘가 장난기로 반짝이는 커다란 눈동자가 자리해 있었다.

그러나 굉장히 이질적인 느낌이었다. 외국인을 처음 만난 것도, 외국에서 생활을 안 해 본 것도 아니었는데 무어라고 설명할 수 없는 낯섦과 이질감이 느껴졌다. 하긴 나중에 동생이 와합을 처음 만난 날, "언니 성격에 어떻게 와합이랑 둘이 만날 수 있었냐"고, "입구에서 들어오는 순간부터 바로 시선이 가던데. 엄청 눈에 띄는 얼굴이야. 외국인이라고 다 그런 건 아닐 텐데 우리가 접해 본 적이 없는 아랍인이라서 그런가? 아무튼 지나가면 사람들이 다들 쳐다봤을 건데 언니는 그런 거 굉장히 싫어하잖아"라고 말한 걸로 봐서는 그 낯섦이 나만의 느낌만은 아니었던 것 같다.

아랍 청년의 지각 탓에 저녁 식사가 늦어졌기에 서둘러 뷔페식으로 차려진 전체 음식을 접시에 담아 왔다. 긴장과 기다림 탓에 배가 많이 고팠다. 재빨리 먹으려고 하는데 이번엔 청년이 포크를 들지 않는다. 왜 그러냐고 물으니 시계를 유심히 보면서 몇 분 더 기다려야 한단다.

'하, 이건 또 무슨 이상한 말이야?'

내 생각이 표정에 드러났는지 그가 자신의 시계를 보여 주며 말했다.

"지금이 라마단 기간이에요. 47분이 되어야 식사를 할 수 있어요. 아직 일곱 시 45분이라서 먹을 수 없어요."

'라마단'이라는 단어의 발음을 명확하게 하며 청년이 뒤이어 물었다.

"혹시 라마단 알아요?"

라……라……마……단?

어디선가 들어는 본 말이다. 전혀 예상치 못한 낯선 단어에 멍해진 머릿속을 재빨리 훑어 가다가 어느 구석에서 꿈틀대는 기억의 끄트머리를 잡아챘다. 그러자 언젠가 아주 오래 전에 보았던 다큐멘터리의 한 장면이 눈앞에 펼쳐졌다. 크고 붉은 해가 온 하늘을 짙은 다홍빛으로 물들이며 지는 저녁 하늘. 이국(異國)의 노인이 명상을 하는 듯 앉아 있던 모습. 노을빛이 차차 땅 밑으로 사그라드니 낯설고 기묘한 목소리를 품은 음악이 어둠 속으로 퍼져 나갔다. 그러자 음식을 차려 놓고 다 같이 앉아서 기다리던 많은 사람들이 하루 종일 하던 금식을 마치고 식사를 시작하던 장면이 스쳐 갔다.

"아…… 들어 본 것 같아요. 언젠가 다큐멘터리에서 본 적이 있어요. 금식하는 기간 아니에요?"

얼떨떨한 기분으로 대답했다.

"맞아요. 사람들이 잘 모르던데……."

청년이 조금 반갑다는 듯이 말했다.

라마단이라니?

이런 해괴한(?) 대화를 나눌 것이라고는 꿈에도 생각하지 못했다. 그때까지 중동 지역에는 조금도 관심이 없었을뿐더러 친하게 지내는 사람 중에도 중동 지역과 관련이 있는 사람은 없었다. 여행을 좋아하지만 물이 부족한 지역은 왠지 매력이 없다는 매우 주관적인 이유로 여행지로서도 흥미가 돋지 않았었다. 다만 기독교인으로서 성지 순례를 가고 싶다는 생각은 있었다. 그러나 그것도 '조금 더 나이가 든 후에'라며 늘 한참 뒤로 미뤄 두던 차였다. 이 청년은 중동 사람이니 종교가 이슬람이겠구나 생각은 하고 나왔지만, 이런 종교적 단어를 막상 직접 들으니 생경스럽다 못해 충격적(?)이기까지 했다.

지금은 한국에 거주하는 무슬림 인구가 많이 늘어서 '라마단' 같은 이슬람 관련 용어가 사람들에게 어느 정도 알려졌다. 학생들도 역사 시간이나 도덕 시간을 통해 배우고 있다. 그러나 그때만 해도 무슬림을 지금처럼 많이 보기는 어려웠다. 와합을 만나고 온 후, 주변 사람들에게 이 신기한(?) 경험을 이야기해 주었을 때도 대부분은 "라마단이 뭐야?"라고 물었으니까.

하긴 어쩌면 당시의 내 주변인들 역시 그때의 나만큼 중동 지역에 대해 관심이나 배경지식이 없었기 때문일지도 모르겠다. 와합을 알게 되고, 그 인맥으로 아랍어 전공자나 중동 관련 공부를 한 지인이 많아진 지금에는 왜 그때 라마단이 그렇게나 놀랍고 해괴한 단어로 다가왔었는지 나 자신도 이해가 안 된다. 다만 '낯섦'의 힘, 그것이 가져올 수 있는 배타성과 두려움에 대해서 한 번 더 생각해 볼 뿐이다.

이 사람, 정체가 뭐야?

"이제 47분. 식사를 할 수 있어요."

그는 점원이 가져다 준 물과 대추야자(이것도 그날 처음 보았다)를 먼저 먹더니 식사를 시작했다.

"오늘 약속 시간에 많이 늦어서 미안합니다. 일이 많이 늦어졌어요. 같이 일하는 분들이 저를 약속 시간에 맞춰 여기까지 태워다 준다고 했는데 강남에 와서 차가 많이 막혔어요."

"학생이라고 들었는데…… 무슨 일을 하다가 왔어요?"

"영화 일이요."

"네? 영화요? 무슨 영화?"

"베를린 영화요."

아니 이건 또 무슨 말인가? 법학 전공 대학원생으로 알고 나왔는데, 영화 일이란 것은 또 뭐지? 단역 아르바이트라도 하다가 왔나? 그런데 무슨 한국 영화도 아니고 독일 영화란 말인가.

확인차 독일 영화냐고 물었더니 그렇다고 대답한다. 어떤 영화 일을 하느냐고 다시 물었더니 번역도 하고 더빙도 하고 아주 작은 단역도 한다고. 아니 아랍인인데 독일 영화 번역을 한다고? 그래서 독일어를 할 줄 아느냐고 물으니 아니라고 한다.

'나 참. 당신, 정체가 뭐야……?'

한국 말을 잘하는 편이기는 하나 섬세한 설명까지 하기에는 아직 미숙한 듯했다. 더 물으면 초면에 너무 꼬치꼬치 캐묻는 것 같기도 해서 그냥 넘어갔다. 하지만 아랍인에 대한 배경지식도 없는데 너무나 이질적인 외모에, 낯선 종교적 용어에, 알수 없는 영화 일 이야기 등으로 점점 '이 청년이 어떤 사람인가?'에 대한 의심과 약간의 두려움이 생겨나기 시작했다. 하 선생님께서 결코 이상한 사람을 만나 보라고, 게다가 도와주라고까지 하실 리는 없을 텐데…….

시리아 청년의 취미는 운동과 요리란다. 스트레스를 받을 때면 운동이나 요리를 하는데 그러면 기분이 좋아진다고. 이어서 그가 말했다.

"그런데 시리아에 있을 때는 말타기도 좋아했어요."

승마를 어디에서 배웠냐고 물었다. 시리아 집에서 어릴 때부터 말을 키우고 있었다고, 말을 참 좋아했는데 지금은 탈 수 없어서 아쉽다고 했다.

'그렇구나. 몽골처럼 말을 키우는 것이 일상적인가 보다' 생각할 때, 그가 불쑥 말했다.

"그리고 칼싸움도 좋아했어요. 긴~ 옛날 아랍 칼 알아요?"

그는 손을 쭉 뻗어서, 영화나 책에서나 봤음 직한 길게 휘어진 아랍 칼의 곡선을 공중에 그려 보였다.

그 순간. 몸이 그대로 경직되어 버렸다.

머릿속에 번개처럼 떠오르는 '알리바바와 40인의 도둑'!

천둥소리처럼 지축을 울리는 말발굽 소리. 모래 먼지 폭풍을 일으키며 말을 타고 들판을 거침없이 달리는 우락부락한 사람들. 크고 길게 휜 칼을 휘두르는 무시무시한 모습.

굳어 버린 몸과 달리 머릿속 영상이 회오리처럼 빠르게 맴돌았다. 동시에 눈앞에 앉아 있는 청년에 대한 아까부터 쌓여 오던 의심과 두려움이 급속도로 상승하기 시작했다. 뭐야? 혹시 시리아에서는 칼을 휘두르는 것이 일상화되어 있는 거야? 명예 살인, 무자비한 아랍인 등 그동안 어설프게 들어 왔던 부정적인 단어들이 머릿속을 획획 스쳐 지나갔다.

"저…… 그러니까…… 칼로 하는 무예를 말하는 거지요? 마셜 아츠(martial arts) 같은. 이게 시리아에서는 일반적인 취미인가요?"

두려움을 꾹꾹 누르며 조심스럽게 던진 질문이었지만 당혹스러운 감정은 숨길 수 없었나 보다. 그는 내 표정이 재미있다는 듯 싱긋 웃더니 답했다.

"일반적인 건 아니에요."

검술은 일종의 전통 무예 같은 것으로 고향인 락까에 있을 때 같은 마을에 가르쳐 줄 수 있는 사람이 있어서 배웠다고 한다. 대학에 들어간 뒤로는 수도인 다마스쿠스에서 자취를 했는데 우연히 검술 동호회를 알게 되어 계속 배웠다고.

검술이 일반적인 것이 아니라는 설명은 들었지만 청년에 대한 경계심이 한층 더 높아진 것은 어쩔 도리가 없었다. 서글서글한 얼굴로 쾌활하게 얘기하고 있지만 사실은 무서운 사람인 건 아닐까. 의심이 자꾸 고개를 쳐들었다.

한참 시간이 흘러서야 알게 되었는데, 말을 소유하는 것이 시리아에서 흔한 일은 아니었다. 와합의 외할아버지께서는 그 지역의 수장이셨고 혈통 있는 아랍 말을 많이 소유하고 계셨다. 귀한 손자였던 와합이 태어나자, 그로부터 이틀 뒤에 태어난 순종 망아지를 선물로 주신 것이다. 와합은 말에게 자신과 같은 '와합'이라는 이름을 붙여 주고 가족처럼 아끼며 살았다. 그래서 자연스레 승마를 즐긴 것이었는데, 이 승마와 아랍 칼 이야기의 우연한 조합이, 그쪽 문화에 문외한이었던 내게는 참으로 엉뚱한 상상을 불러일으켜 결국 난 엄청난 '오버쟁이'가 되고 말았다.

한번은 '와합의 가족 같은 친구들' 모임이 있었다. 와합을 통해서 알게 되고 같이 여러 가지 활동을 하다가 이제는 가까운 사이가 된 사람들의 모임이다. 어쩌다 보니 각자 경험했던 와합과의 첫 만남이 이야기의 화제로 떠올랐다. 하나같이 흥미롭고 재미난 에피소드가 있었지만, 이날 '알리바바와 40인의 도둑' 망상 스토리를 이야기한 나를 따라올 이는 없었다. 사람들은 폭소를 터뜨렸다.

'베를린 영화'에 대한 의문도 뒤에 자연스레 풀렸다. 당시 와합은 류승완 감독의 영화 〈베를린〉의 아랍어 번역 및 자문 일을 하고 있었다. 자신은 잘 모르지만 주변 사람들이 유명하다고 하는 하정우, 류승범, 전지현 등의 배우가 등장하는 영화이니 제목만 얘기하면 다 알 줄 알았다고 한다. 독일에서 주로 촬영한 영화이고 독일 배우들이 한국으로 촬영하러 오기도 했으니 독일 영화냐는 물음에도 그렇다고 대답했던 것이다. 하지만 당시에는 아직 제작 중인 영화였고 홍보도 하기 전이었으니 나로서는 알 리가 만무했다. 또 '영화 베를린'이라고 했으면 오해도 하지 않았을 텐데 당시 와합의 한국어 실력으로는 '베를린 영화'와 '영화 베를린'의 차이를 몰랐던 것 같다.

다음 해 1월, 와합의 초대로 영화 〈베를린〉의 시사회에 갔다. 영화가 끝난 후 우연히 엔딩 크레딧에서 와합의 이름을 발견했다. 그러나 정작 와합은 미처 자신의 이름을 보지 못하고 놓쳐 버렸다. 아쉬워서 투덜거리는 와합을 보며 문득 이날의 일이 떠올라 나는 혼자 헛웃음을 흘렸다.

유프라테스강이 부른 반전

시리아 청년에 대한 흥미 반 의심 반으로 점철된 저녁 식사를 마치고 찻집으로 자리를 옮겼다. 식사만 마치고 바로 집으로 갈까 하는 생각도 했으나 청년이 차를 대접하고 싶다고 여러 번 권하고 나 또한 처음 접하는 아랍 문화권에 약간 호기심이 일기도 했다.

엉뚱한 상상력이 만들어 낸 '알리바바와 40인의 도둑' 때문에 경계심과 두려움도 있었지만 결국 호기심이 경계심을 눌렀다. 더구나 청년은 모국어가 아닌 한국어를 사용하면서도 이야기를 꽤나 재미나게 잘하는 편이었다.

청년이 핸드폰으로 사진들을 보여 주며 고향을 소개했다.

"여기가 시리아 락까에 있는 우리 집이에요. 집 앞에 유프라테스강이 이렇게 흐르고 있어요."

"네? 유프라테스강이요?!"

나는 순간 귀가 솔깃해서 눈을 똥그랗게 떴다.

"네."

청년이 담담하게 답했다.

"티그리스강, 유프라테스강 할 때 그 강?"

"네."

조금씩 더 높아지는 내 목소리에, 청년의 담담하던 대답에도 재미있다는 듯 조금씩 웃음기가 섞였다.

"'세계 4대 인류 문명의 발상지'에서의 그 유프라테스강?"

"네⋯⋯. 그 강."

'인류 문명의 발상지'라는 단어는 잘 모르는지 조금 간격을 두고 답한 후, 그는 결국 쿡쿡 웃음을 터뜨렸다.

'유프라테스강'이라는 단어는 순간 호기심을 증폭시켰다. 고등학교 세계사 시간 이후로는 별로 들어 볼 일이 없었던 그 단어. 정말 아득한 시간, 먼 나라의 단어였다.

티그리스·유프라테스강! 메소포타미아 문명! 비옥한 초승달 지대! 인류 문명의 시작! 교육의 힘이란 놀라운 것이어서 머릿속에는 이런 연관 단어들이 팍팍 떠오르기 시작했고 갑자기 청년의 동네에 대한 신비로움이 폭발적으로 상승했다.

'중동'이나 '아랍'이라는 단어가 주던 미묘하고 부정적인 느낌과 '유프라테스강'이라는 단어가 주는 느낌이 왜 내게 그렇게나 달랐는지는 알 수 없다. 그러나 아무튼 유프라테스강은 그 전까지 청년이나 그의 문화권에 가졌던 편견이나 두려움을 한번에 날려 버리고 그 자리에 '신비로움'과 '강한 호기심'을 대신 심어 놓았다. 그러고 나니 한결 매끄러워진 분위기에서 시리아란 나라에 대한 이야기, 청년의 개인적인 삶에 대한 이야기 등을 들을 수 있었다.

시리아 청년 압둘와합은 시리아 최고의 대학인 다마스쿠스 대학 법대를 졸업하고 변호사로 일하다가 2009년 가을에 한국으로 왔다. 내가 처음 만난 당시에는 동국대학교 대학원 법학과에서 석사 과정 공부를 하고 있었다. 우리나라와 시리아 간에 수교가 없다는 것도 이날 알았다. 어떻게 낯선 한국에 유학 올 생각을 했느냐고 물었더니 와합은 웃으며 '친구 따라 강남 간다'는 속담으로 답을 시작했다.

와합이 다마스쿠스에서 살던 어느 날, 길을 헤매고 있는 한국인 남녀를 만났다. 시리아에 어학연수를 온 아랍어과 학생들이었다. 자취할 집을 구하려고 중개소를 찾다가 길을 잃고 방황하는 중이었는데, 이 오지랖 넓은(?) 청년이 중개소에도 데려다 주고 반나절 내내 같이 다니며 집을 구하는 것까지 도와줬다.

그 일이 인연이 되어 한국인 유학생 커뮤니티와 친해졌고 그들이 시리아에서 유학 생활을 하며 겪는 크고 작은 어려운 일을 본인의 일처럼 도와줬다. 그렇게 즐겁게 교류하다가 시간이 흘러, 공부를 하던 친한 한국 친구들이 다 한국으로 돌아갔다. 와합은 심한 외로움과 허탈감을 느꼈다고 한다.

당시 와합은 신입 변호사로 일하면서 유학 준비를 하고 있었다. 프랑스 소르본대학 법대에서 장학금을 전제로 이미 입학 허가를 받은 상태였다. 그러나 갑자기 계획을 바꾸어 한국 유학을 준비하기 시작했다. 처음에는 몰래 준비하다가 나중에 한국 유학 계획을 표면적으로 드러내자, 가족과 추천장을 써 주시는 교수님들 모두가 반대했다고 한다. 그도 그럴 것이 한국은 시리아와 수교도 없는 낯선 국가였고 법학 분야에서 그렇게 명망이 있는 나라도 아니었다. 더구나 한국으로 유학을 간 사람은 아무도 없었다.

그러나 이 도전 정신 넘치고 야심만만한 청년은 한국행을 결행했다. 수교가 없고 다른 사람들이 가지 않은 길이므로 더 매력적으로 보였다. 언젠가 시리아와 한국이 외교 관계를 맺게 되면 자신이 한국과 시리아의 가교 역할을 할 수 있기를 꿈꿨다. 그렇게 와합은 한국에 와서 시리아인 1호 유학생이 되었다.

"덜컹덜컹."

다시 전철을 타고 돌아오는 길.

하 선생님께서 왜 이 친구를 진취적이고 도전 정신이 넘친다고 했는지, 또 그리 아끼시는지 어느 정도 짐작이 갔다. 강남역으로 올 때와는 달리, 모든 것이 낯설었지만 흥미로웠던 새로운 세계와의 만남에 흡족해하며 집으로 향했다.

2012년 어느 여름날의 일이었다.

인류 문명의 시작에서 제2차 세계 대전까지

안녕하세요. 압둘와합입니다. 주변에서는 편하게 와합이라고 불러요. 혜진 누나가 저에 대한 책을 쓰면서 시리아에 대한 이런저런 것들을 물어 왔습니다. 그런데 시리아에 대해 잘 모르는 건 누나뿐이 아닐 거라고 생각했어요. 그래서 아예 제가 직접 독자 여러분께 시리아 이야기를 들려드리려고요. 평소 한국에 소개되는 시리아가 서구의 시선에 갇혀 있는 것 같아서 아쉬웠는데, 이번 기회에 저의 시선으로 소개해 보려 합니다. 흥미롭게 읽으실 수 있길 바라며, 이제 출발합니다~

★ 아시아·유럽·아프리카가 만나는 문명의 교차로

시리아는 서아시아(중동)에 있는 나라입니다. 면적은 남한의 두 배 정도(18만 5180제곱킬로미터)고, 수도는 다마스쿠스죠. 사용하는 언어는 아랍어입니다. 지리적으로 아시아·유럽·아프리카 세 대륙이 만나는 지점에 위치하고 있다 보니 일찍부터 국제 교역의 중심지였습니다. 중국에서 출발하여 장장 6500킬로미터나 되는 '비단길(실크 로드)'이 끝나는 종착지가 바로 시리아였죠. 또한 아라비아 반도 남부 지역에서 시작된 '향료 길(Incense Road)'이 끝나는 곳도 역시 시

아시아, 유럽, 아프리카의 교차로에 자리한 시리아

리아였습니다. 중국과 아라비아 반도에서 수송된 물자들은 지중해
의 해로를 따라 유럽, 아프리카, 터키 등지로 보내졌답니다.

　현재 기준으로 시리아의 동쪽에는 이라크, 서쪽에는 레바논·팔
레스타인과 지중해, 남쪽에는 요르단, 북쪽에는 터키가 있습니다.
시리아는 메소포타미아와 지중해를 연결하는 전략적 요충지로 농
업과 상업 측면에서도 무척 중요했습니다. 그래서 수메르, 아카드,
아시리아, 얌카드, 아랍, 페르시아, 로마 등 여러 문명과 제국이 번
영하고 쇠퇴한 역사의 장이기도 했지요. 역사학자들에 따르면, 시
리아 땅에 40개 이상의 문명이 꽃을 피웠다고 해요. 여러 민족이 이
땅에 와서 다양한 역사를 창출해낸 것이죠. 덕분에 시리아는 나라
전체가 마치 박물관 같습니다. 4500여 개의 귀한 역사 유적지가 지
금도 남아 있고요.

메소포타미아 문명과 그 시작을 함께한 시리아는 인류가 처음으로 정착하여 땅을 경작하고, 가축을 기르고, 도시를 계획하기 시작한 곳입니다. 그뿐만 아니라, 지식을 축적할 수 있는 토대인 문자(우가리트 문자)를 만들어 낸 곳이기도 하지요.

아담의 자손인 에벨이 유프라테스강에서 메소포타미아로 건너와 세운 나라인 '에블라 왕국', 세계에서 가장 오래된 도시 국가인 '수메르 왕국', 고대 항구 도시였던 '우가리트'와 같이 인류사의 잉태와 함께한 이 땅은 역사학자들에 의해 '문명의 교차로'라고도 불립니다.

★ 로마에 기독교의 길을 닦은 시리아인들

로마 제국에 시리아인의 피가 흐르는 황제가 여럿 있었다는 사실을 아시나요? 그리고 그 시리아 출신 황제들이 로마의 황금시대를 만들었다는 것은요? '황제의 현명한 아내이자, 강력한 철학자 황제의 어머니'라고 불리는 황후 율리아 돔나(Julia Domna)는 시리아의 홈스라는 도시에서 태어난 시리아인이었습니다. 그는 이후 시리아인들이 로마의 왕좌에 도달할 수 있는 길을 열었습니다. 그 큰 영향력을 보고, 로마의 시인 유베날리스는 "수리아(시리아) 오론테스강의 하수 오물이 오랫동안 로마의 티베르강으로 흘러들어 왔도다"라고 말하기도 했습니다.

로마 제국의 모든 자유민에게 로마 시민권을 준 황제 카라칼라(Caracalla)가 바로 율리아 돔나의 아들입니다. 카라칼라 이후 많은 시리아 황제들이 로마를 통치했죠. 그중 가장 유명한 황제가 마르쿠스 율리우스 필리푸스(Marcus Iulius Philippus, 별칭은 필리푸스 아라브스Philippus Arabs) 아닐까 합니다. 필리푸스 아라브스 시대에는 기독교인에게 종교적 관용이 베풀어졌습니다. 필리푸스가 직접 기독교로 개종한 것은 아니지만, 기독교인에게 신앙의 자유를 허락하면서, 이후 로마가 기독교를 국교로 삼을 수 있도록 길을 닦았습니다.

로마 제국의 시대가 지나고 비잔틴 제국 시대에 들어서도 시리아 지역에서는 기독교가 활발하게 성장합니다. 이 시기에 시리아 기독교에는 많은 분파가 생겼고, 그 영향으로 생긴 다양한 수도원과 교회 유적이 지금도 많이 남아 있습니다.

★ 시리아의 자랑, 팔미라

사막 한가운데 신기루와 같이 서 있는 팔미라(Palmyra) 역시 시리아가 자랑하는 역사 유적입니다. 팔미라는 팔미라 제국(Palmyrene

제국의 위용을 보여주는 팔미라 유적

Empire)의 수도였는데, 원래 팔미라 제국은 로마 제국에 속한 곳이었습니다. 그런데 제노비아 여왕이 등장하여 팔미라 제국을 통치하면서 강성해져 로마로부터 독립을 이루고 영토도 크게 확장합니다. 제노비아 여왕은 현재의 시리아 지역뿐만 아니라, 보스포러스 해협(현재 터키)에서 나일강 유역까지 영토를 확장했습니다. 팔미라는 강력한 제국이 되었고, 로마 황제(아우렐리아누스)가 로마 국경을 보호하기 위해 제노비아 여왕과 협상할 정도에 이릅니다.

★ 시리아를 통치한 이슬람 왕조들

634년 시리아에 이슬람교가 들어옵니다. 그 이후 이 지역의 첫 이슬람 세습 왕조였던 우마이야 칼리파국(Umayyad Caliphate, 661~750년)이 들어서지요. 시리아의 중심지인 다마스쿠스는 우마이야 칼리파국의 수도로 크게 번영했습니다. 750년 우마이야 왕조를 물리치고 아바스 왕조(Abbasid dynasty, 750~1258년)가 들어서면서 제국의 수도가 바그다드로 옮겨 가지만, 시리아는 다마스쿠스 지역을 중심으로 계속 번영합니다. 특히 이 시기 시리아 지역에서는 코란 연구를 비롯해 법학, 철학, 수학 등 여러 학문이 발달하였고 '아라베스크'라고 불리는 유명한 장식 무늬도 탄생합니다. 과학과 산업 그리고 경제도 크게 발전하고요. 아바스 왕조는 1258년 몽골군의 침공으로 멸망합니다.

아바스 왕조에 이어 여러 왕조가 시리아 지역을 통치합니다. 함단 왕조(Hamdanid dynasty, 980~1004년), 셀주크 제국(Seljuk dynasty, 1037~1157년), 파티마 칼리파국(파티마 왕조Fatima dynasty, 909~1171년), 아이유브 왕조(Ayyubid dynasty, 1169~1250년)가 뒤를 잇습니다.

수크 하미디야 입구에 있는 살라딘 동상

제3차 십자군 원정에 맞서 이슬람을 이끈 아이유브 왕조의 살라딘(살라흐 앗딘 유수프 이븐 아이유브)은 시리아의 술탄이었습니다. 살라딘이라는 이름은 아랍어로 '정의와 신념'을 의미하는데, 살라딘은 당시 탐욕스럽고 무자비했던 십자군의 군주들에 비해 온건하고 약속을 잘 지켜 자비로운 군주로 덕망이 높았습니다. 그가 보인 기사도 정신과 자비심은 서방 세계에도 널리 전해져 수많은 전설과 기록으로 남았죠. 다마스쿠스의 대표적인 전통 시장인 수크 하미디야(Souq Al-Hamidiyah) 입구에 있는 동상이 바로 이 살라딘의 동상입니다.

이후 등장한 맘루크 술탄국(맘루크 왕조Mamluk dynasty, 1250~1516년)은 시리아와 이집트 일대를 통치했습니다. 하지만 이 시기에는 다마스쿠스를 제외한 다른 시리아 지역은 예전만큼 번성하지 않았습니다. 그래서 역사학자들은 이 시기를 '시리아(수리아)의 쇠퇴 시대'라고 부르죠. 맘루크 왕조는 1516년 오스만 투르크군(오스만 제국 Osman Empire, 1453~1922년)에 의해 멸망합니다.

★ 오스만 제국 시기를 거치며

오스만 제국 시대까지 시리아 영토는 레반트(Levant) 지역을 포함했습니다. 레반트 지역의 범위는 시기적으로 차이가 있지만 가장 넓은 범위로는 동부 지중해 국가와 섬까지를 모두 포함하며, 북쪽으로 토로스(Taurus)산맥, 서쪽으로 지중해, 남쪽으로 아라비아 사막, 동쪽으로 북서 이라크를 경계로 하는 지역을 일컫습니다. '옛 시리아', '샴(Sham)', '역사적 시리아', '시리아 지방', '대(大) 시리아' 등으로도 불리는 이 지역은 지금의 시리아, 레바논, 요르단, 팔레스타인, 이집트 시나이반도, 사우디아라비아 북쪽 지역 일부, 이라크 서쪽 지역, 터키 남쪽 지역을 아우르죠. 요즘은 '샴'이라고 하면 보통 지중해 동부 연안 지방(레바논, 요르단, 시리아, 팔레스타인)이나 시리아 수도 다마스쿠스를 가리킵니다.

오스만 제국은 원활한 통치를 위해 '샴(옛 시리아)'을 여러 지역으로 나누고, 이스탄불 중앙 정부에서 파견한 '왈리'에게 권한을 위임하여 다스립니다. 1516년부터 오스만 제국의 일부였던 시리아는 410년간 점령당한 채 지내다가, 제1차 세계 대전에서 연합군이 승리하면서 독립합니다. 당시 시리아의 북쪽 국경선은 토로스산맥 기슭(위도 37도)까지였습니다. 따라서 현재 터키 지역인, 서쪽의 메르신(Mersin)주와 아다나(Adana)주에서 동쪽의 샨르우르파(Sanlıurfa)주와 마르딘(Mardin)주까지, 그리고 북서쪽에 있는 '알렉산드레타 산자크(Sanjak of Alexandretta, 현재 안타키아주와 이스켄데룬주이며 아랍어로는 '리와 이스칸다룬' 지역으로 불림) 지역이 시리아의 국토였습니다.

★ 유럽 국가들의 제국주의와 끊임없는 독립 투쟁

1916년 5월, 아랍 지역을 분할하기 위해서 영국과 프랑스는 사이크스-피코 협정(Sykes-Picot Agreement)이라는 비밀 협정을 체결합니다. 제1차 세계 대전이 끝난 후 1920년 시리아는 '시리아 아랍 왕국'을 선언하였으나, 불과 몇 개월 뒤 비밀리에 체결되었던 사이크스-피코 협정이 실행되면서 프랑스의 위임 통치를 받게 됩니다. 프랑스는 시리아를 열 개 지역(나라)으로 분할합니다. 그리고 터키와 비밀 협정을 통해 시리아 북부 지역(메르신주, 아다나주, 산르우르파주, 마르딘주 등이 포함)을 터키에 양도하죠. 1925년에 분할되었던 다마스쿠스, 알레포 등 여러 지역이 다시 통일을 이루지만, 1939년 프랑스가 북서쪽 알렉산드레타 산자크(리와 이스칸다룬) 지역을 터키에 양도하면서 이 지역은 오늘날까지 터키가 통치하고 있습니다.

프랑스, 영국과 다른 유럽 제국주의 국가들은 이전에 시리아(수리아)였던 레바논, 팔레스타인, 요르단을 각각 나누어 독립시킵니다. 그 나머지 지역이 현재 시리아 영토로 남아 있지요. 1920년 프랑스의 지배 아래 들어간 시리아는 끊임없는 저항으로 1946년 4월 17일에 완전히 독립하여 '시리아 아랍 공화국(Syrian Arab Republic)'으로 새 국면을 맞이하게 됩니다.

2장

내 친구
압둘와합을 소개합니다

다마스쿠스가 다메섹이었어?!

와합을 만나고 나니 이름만 들어 봤던 시리아란 나라가 궁금해졌다. 문득, 뉴스에서 가끔 시리아 내전 관련 뉴스를 했던 기억이 났다. 솔직히 관심이 없었다. '세계 어느 곳에서 그런 일이 일어났나 보다' 하고, 바로 기억 저편으로 넘겨 버렸던 뉴스들.

인터넷에서 시리아에 대한 내용을 찾아봤다. 이럴 수가! 시리아는 생각보다 엄청나게 신비롭고 매력적인 나라였다. 수도인 다마스쿠스는 기원전 몇 천 년 전부터 사람들이 살았던 곳으로, 지구상에서 사람이 거주하고 있는 도시 중 가장 오래된 곳 중 하나로 꼽혔다. 더 오래된 거주지 유적은 많이 있지만, 사람들이 지속적으로 살아온 도시로는 다마스쿠스만 한 곳이 없었다.

무려 7000년 동안 사람들이 살아온 도시. 가장 짧게 잡아도

4000년은 된 도시. 그런 만큼 그곳을 스쳐 간 갖가지 문명의 유적들이 곳곳에 남아 있었다. 그런데 더 근사한 것은, 그 유적들을 개조해서 오늘날에도 그대로 사용하며 살고 있다는 사실이었다. 700년 가까이 된 건물을 호텔로 개조해서 쓰고 있기도 했다. 300~400년 정도 건물은 감히 명함도 내밀 수 없단다.

특히 올드 시티에 있는 시장은 언제부터 장사를 시작했는지 그곳의 상인들도 알 수 없을 정도라고 했다. 할아버지, 그 위의 할아버지, 혹은 그 이전부터 대를 이어 장사를 해 왔을 뿐.

역사의 과거 모습이 그대로 현재에 녹아든 도시! 가슴이 떨려 왔다. 수천 년의 향기를 간직한 유적과 그 안에서 여전히 살고 있는 사람들이 공존하는 모습을 보면서 나는 경이로움을 느꼈다. 설렜다. 당장이라도 그곳으로 여행을 떠나고 싶었다. 왜 몰랐을까? 바보, 바보! 이런 멋진 곳을 왜 몰랐을까?

시리아 여행 내용을 담은 블로그에는 칭송이 가득했다. 배낭여행자의 바이블이라 불리는 한 여행 가이드북에서는 시리아인을 외국인에게 가장 상냥한 사람으로 표현했다. 실제 다녀온 사람들의 여행기 속에는 이방인에게 다정한 호의를 베푼 시리아 사람들의 이야기가 가득했다. 여행을 하다 보면 어느 나라든지 못된 사람도 있으므로 기분 나쁜 경험에 대한 이야기도 보였지만, 대체로 순박하고 순수한 시리아 사람에 대한 칭찬과 그들로부터 도움을 받고 감동한 미담이 많았다.

검색 전에는 아랍 나라 여행기이니 말도 안 되는 바가지를 씌우고 사기 치는 이야기 일색일 거라고 어쭙잖은 편견을 가지고 있었는데, 적잖은 충격이었다. 게다가 와합이 다마스쿠스에서 처음 만난 한국인 남녀에게 베푼 친절도, 그 나라에서는 보편적으로 볼 수 있는 친절이었다.

그러던 중 눈에 띄는 한 블로그가 있었다.

검색어를 '시리아 문화'로 바꾸자 가장 위에 올라온 블로그였다. 그 블로그 글을 읽고, 나는 눈이 휘둥그레졌다.

뭐? 다마스쿠스가 성경 속 다메섹이었어?!

지금에 와서 생각하면 나의 무지함이 부끄럽지만 그때는 전혀 몰랐던 사실이다. 신선한 충격이었다. 예수를 믿는 사람들을 핍박하던 바울이 다메섹 거리에서 예수를 만나 회심하는 일이 일어난 자리에 세워진 '사도 바울 회심 교회'를 비롯하여 '직가 거리', '아나니아 교회' 등. 성경 속 사건의 배경이 되는 곳들을 방문했던 내용이 친절하게 설명되어 있었다.

그게 뭐 그리 놀라울까, 생각할 수도 있겠지만 내게는 가슴 두근거리는 일이었다. 무엇보다 전혀 예상치 못했던 지역이 성경 속 사건의 배경지라니! 과거와 현재가 공존하는 곳에서 성경 속 사건의 흔적을 찾아갈 수 있다는 것은 정말 매력적이었다. 왜 이 근사한 곳을 이제야 알게 되었는지! 또 다시 안타까움이 밀려왔다.

글쓴이는 시리아에 몇 년간 거주하며 경험했던 시리아 문화와 자신의 생활 이야기를 블로그에 풀어놓았다. 독특한 소재가 주는 재미뿐만 아니라 필력도 우수했다. 시간 가는 줄 모르고 읽어 가다가 결국은 밤까지 새워 버렸다.

계속해서 쏟아지는 새로운 이야기 중에서도 유독 눈에 띄는 내용이 있었다. 아랍 국가 하면 당연히 이슬람교를 믿는 무슬림만 있는 줄 알았는데, 시리아는 아니었다. 주류는 물론 무슬림이었지만 기독교인과 다른 종교를 가진 이들도 있었다.

와합과의 첫 만남에서도 종교에 대한 이야기가 잠시 나왔다. 그가 "시리아는 다양한 종교를 가진 사람들이 살고 있고 그들을 존중해 주는 나라"라고 했지만 그다지 믿기지가 않았다. 그저 자신의 나라를 관용적인 나라로 보이고 싶어서 하는 말이 아니었을까 생각했다.

그런데 와합의 말은 사실이었다. 무엇보다 기독교 관련 공휴일이 있다는 것이 놀라웠다. 공휴일이 있다는 것은 공식적으로도 인정을 하고 있다는 뜻일 테니까. 이슬람 공휴일은 이슬람 공휴일대로, 또 기독교 공휴일은 기독교 공휴일대로 쉬며 행사가 이루어지고 있었다. 마치 우리나라에 석가탄신일, 성탄절이 같은 공휴일로 있는 것처럼. 나의 편견으로 와합의 말을 그대로 믿어 주지 못한 것이 부끄러웠다.

다소 혼란을 느낄 만큼, 블로그에서는 내가 가진 편견을 깨는 이야기가 자꾸만 쏟아져 나왔다. 글쓴이도 마찬가지였다. 아랍어를 전공했으면서도 몰랐던 일들, 자신의 선입견이 깨지는 사건을 경험할 때마다 느꼈던 당황스러운 감정들을 생생하게 그려내고 있었다.

의심이 많은 나는 기존의 선입관을 선뜻 버리지는 못했다. 하지만 한편으로는 놀라움, 한편으로는 '이게 진짜일까?' 반신반의하는 가운데, 시리아라는 나라에 대한 흥미가 점점 커지기 시작했다. 그리고 읽는 내내 "글 참 맛깔나게 쓴다"고 중얼거렸던 그 블로그 덕분에, 완전히 무지했던 시리아의 문화에 대해서도 조금은 알게 되었다. 알게 되니 친밀감마저 느껴졌다.

이 블로그의 작성자는 사피웃딘이라는 분이었다. 그런데 놀라운 사실은, 나중에 알고 보니 와합의 둘도 없는 친구이자, 와합이 가장 의지하고 있는 한국인 형님이었다. 그뿐만 아니라 와합이 다마스쿠스에서 만난 첫 한국인, 길을 헤매고 있어서 도움을 줬던 남녀 중 한 명이 이분이었다!

와합의 소개로 사피웃딘 님을 처음 만나서 이야기를 하다가, 우연히 이 블로그의 주인이란 사실을 알게 되었다. 얼마나 신기하던지! 특히 글에 종종 등장하는, 시리아에서 아래층에 살던 시리아 청년은 바로 와합이었다. 놀라웠다. 세상이 참 좁다.

9년이 지난 지금은 안타깝게도 시리아를 검색하면 학살, 총격과 포화, 난민 등 참담한 이야기들만 가득하다. 하지만 2012년 처음 검색을 했던 때는 달랐다. 전쟁에 대한 이야기보다는 시리아 여행을 다녀오고 쓴 가슴 따뜻해지는 이야기를 더 쉽게 찾을 수 있었다.

그러나 그때에도 여행기의 끝에는, '2011년에 발발한 혁명으로 지금은 내전 중이며 여행 금지국이라 다시 갈 수 없어서 안타깝다'는 이야기가 종종 눈에 띄었다. 밀려오던 후회. 갈 수 없다고 생각하니 더 가고 싶고, 더 아쉬웠다.

'내전이 끝나고 어느 정도 회복이 되면 꼭 가 봐야지!'

몇 년 지나지 않아서 내전은 곧 끝날 거라고, 몇 년 후에는 갈 수 있을 거라고 생각했다. 그런데 그 시기가 이렇게까지 기약도 없이 길어지리라고 누가 알았을까?

그해 여름의 끝 무렵, 다시 와합을 만날 일이 생겼다. 조금 알게 된 지식을 바탕으로 신이 나서 시리아에 대해 아는 척을 했다.

그날 사람들과 인사동 골목을 걸어가며 와합이 짓던 표정이 유난히 기억에 남는다.

"대도시 서울에 아직 이런 전통적인 곳이 있다는 게 아름답죠? 그래서 저는 이 골목을 좋아해요. 다마스쿠스도…… 이런 여름밤에 다마스쿠스 올드 시티의 골목길을 걸어가면, 전통과 역사의 향기가 나요. 수천 년 된 역사의 향기……. 이맘때면 재스민 꽃이 피어 있어요. 재스민 향기가 골목에 가득해요. 그러면 마음으로 느끼는 역사의 향기와 코끝에서 느껴지는 재스민 향기가 함께……."

와합은 마치 재스민 향이 느껴지는 것처럼 잠시 눈을 감고 숨을 들이켰다. 지금은 전쟁으로 갈 수 없는 모국에 대한 그리움이 얼굴 가득 담겨 있었다.

안타까움으로 가득 찬 표정 때문이었을까?

그 모습을 보고 있으니 한 번도 가 본 적이 없건만, 나도 몇천 년 된 다마스쿠스 구시가 골목에 서 있는 듯했다. 맡아 본 적도 없는 재스민 향기가 코끝에 감도는 듯했다.

씩씩하고 쾌활한 와합의 속사정

한동안 와합은 얼굴 보기가 어려운 친구였다.

시리아는 수교국이 아니어서, 다른 아랍 유학생들과 달리 그는 전액 장학금이나 기숙사 제공 같은 혜택을 받을 수가 없었다. 다행히 학비는 조교 장학금으로 충당했다. 공부 외에도 생활비에 보태기 위해 틈틈이 번역 같은 아르바이트도 해야 했다.

일부분이라도 장학금을 주는 대학원을 들어가기 위해 지방까지 찾아다니며 고생했던 일이나, 한때 거주할 곳이 없어서 고시원에서 생활할 때의 일, 학비를 마련하지 못해 마음고생했던 일 등을 언뜻언뜻 들을 때면, 프랑스 유학을 버리고 선택한 한국행의 결과가 꽤 험난했다는 것을 알 수 있었다.

그래도 한국에 온 장점이 있다고 했다. 무엇보다 낯선 한국을 시리아에 소개할 수 있었다. 시리아 신문사의 요청으로 한국 생활에 관한 이야기를 한 달에 한 번씩 정기적으로 기고하기도 했다. 안타깝게도 시리아 상황 때문에 얼마 후 멈췄지만. 또 프랑스로 유학 간 학생들은 많았지만 한국은 없었으므로, 여기에 온 후 시리아의 교수님들로부터도 많은 관심을 받았다.

당시 와합은 KBS 월드 라디오 방송에서도 일하고 있었다. 2010년부터 2016년까지 프로그램 원고를 쓰고, 진행자로도 활동했다. 한국의 이모저모를 소개하는 프로그램이었다. 와합의 목소리를 타고 아랍권 국가에 한국이 소개되었다.

바쁘고 힘든 생활 이야기를 할 때에도 와합은 늘 씩씩하고 쾌활하고 당당했다. 이야기의 끝에는 "우물 안 개구리가 되고 싶지 않아요. 고생을 많이 했고 지금도 하고 있지만, 훨씬 많은 경험을 할 수 있으니까요"라며, 한국 속담을 인용하여 마무리하곤 했다.

사피웃딘 님의 블로그에서 "시리아 사람들에 대한 전반적인 느낌을 이야기하라고 하면 '쾌활하고 상냥하다'고 말하겠다"는 글을 읽은 적이 있다. 와합을 보면 그 느낌이 무엇인지 쉽게 이해가 갔다.

그런데 하 선생님의 부탁과 달리, 와합은 그다지 도울 게 없어 보였다. 바쁘긴 하지만 한국 사회에 아주 잘 적응한 것 같았다. 인간관계도 어찌나 넓은지 외국인, 한국인 할 것 없이 다양한 사람들과 교류하며 지냈다. 생일이면 각각 다른 그룹과 몇 차례에 걸쳐서 생일 파티를 할 정도였다.

심지어 나는 와합을 통해, 오래전에 소식이 끊겼던 중학교 동창을 반갑게 다시 만났다. 그 친구가 아랍어과 졸업생이었기 때문이다. 연락이 되었을 때 둘이 동시에 했던 말은 "네가 와합을 어떻게 알아?"였다. 친구가 먼저 답했다.

"그 친구 유명해. 아랍어과에서 와합 모르는 사람 없을걸."

아니 아랍어과는 얼마나 좁기에, 또 와합은 얼마나 마당발이기에, 아주 오래전 대학을 졸업한 이 친구까지 알고 지냈단 말인가. 당시에 참 의아했다.

늘 사람들에게 둘러싸여 다채로운 경험을 하며 살고 있어서 와합은 전혀 외롭거나 괴로워 보이지 않았다. 아주 신나고 에너지 넘치는 삶을 살고 있는 친구라고 생각했다.

그러나 조금 더 친해지자, 와합이 자신의 속내를 털어놓기 시작했다. 한때는 잠을 전혀 못 잘 정도로 우울감이 심했단다. 보다 못한 친구가 병원으로 데리고 가서 진료를 받게 했다. 다행히 수면제 처방이 효과가 있었다고. 늘 즐겁고 쾌활한 친구인 줄 알았는데 의외였다.

"요즘도 시리아 상황 때문에 쉽게 잠들기가 어려워요. 잠이 들어도 중간중간 자꾸 깨요. 아님 악몽에 시달리다가 새벽에 일어나죠. 그럴 땐 차라리 집 근처 남산으로 올라가서 뛰어요."

수면 시간이 서너 시간밖에 되지 않는 건 알고 있었다. 바빠서 잠잘 시간이 부족하다고 했으니까. 그런데 그 시간도 스트레스로 제대로 못 자다니. "무엇보다 시리아의 가족들과 연락이 잘 되지 않는 것이 가장 힘든 일"이라고 했다.

참 무심했던 나는 와합의 아픔을 처음에는 깊이 공감하지 못했다. 눈앞의 친구가 매우 안쓰럽기는 했지만, 뉴스로만 본 전쟁이나 폭격은 그리 실감이 나지 않았다. 낯설고 머나먼 곳의 이야기였다. '분쟁이 있구나. 많은 사람들이 죽어 가고 있다니 어떡해. 너무 안됐다……' 그 정도 생각뿐. 마음이 차가웠던 것 같다. 더구나 국제 정세에 어두웠던 나는 시리아 상황에 대해서도 무지했다.

그러나 변화는 있었다. 와합의 사정을 안 이후로는, 뉴스에서 시리아에 대한 이야기가 나오면 귀가 기울여지기 시작했다. 그 뉴스에서 보도하는 상황에 따라 잠을 못 이루고, 예민해지고, 절망하는 친구가 생겼으니까.

유서 깊은 집안의 더없이 귀한 아이

와합은 매우 유서 깊은 집안의 자제였다.

오스만 제국 시대에는 현재의 시리아 지역에 4~5명의 아미르(Amir, 해당 지역의 토착 지도자)가 있었는데, 와합의 증조부가 그중 하나였다. 그는 유프라테스강을 중심으로 한 시리아의 동북 지역(락까주, 하사카주, 데이르에조르주 등이 포함)의 아미르였고, 중앙에서 파견된 왈리와 협력하여 이 지역을 통치했다. 때때로, 지역에서 큰 분쟁이 나거나 하면 칼리파의 부름을 받아 이스탄불로 가서 보고하기도 했다.

아미르의 자식들은 '아가(Agha)'라는 명칭을 받았는데 지역 사람들에게 아가라는 이름은 왕, 또는 왕자의 의미로 불렸다고 한다. 할아버지 때부터 이어져 온 '아가'는 성(姓)으로 남았다. 압둘와합 알무함마드 아가(Abdulwahab Almohammad Agha). 와합의 전체 이름이다.

그러나 근대화와 사회주의화가 진행되는 역사적 조류 속에서 와합의 집안은 봉건제의 잔재로 취급되어, 그 힘과 권력을 뺏으려는 정부로부터 배척당할 수밖에 없었다. 와합의 집안처럼 힘을 가졌던, 다른 지역의 집안 중 많은 일가가 이 시기를 거치는 동안 외국으로 나갔다고 한다. 그러나 와합네 일가는 끝까지 시리아에 남았다.

와합의 할아버지는 젊은 시절에는 '아가'로 엄청난 권력과 부를 누렸다. 하지만 살아가는 동안 여러 차례의 역사적 변혁과 쿠데타를 겪었고, 그때마다 물려받은 땅과 재산을 계속해서 몰수당하는 고통을 맛보아야 했다. 결국 바트당의 집권으로 모든 소유를 빼앗기고 일가가 가장 나락으로 떨어진 시기에 할아버지는 심장마비로 돌아가셨다.

아가로서의 영화가 쇠퇴한 후에도 할아버지는 부족의 수장으로 부족을 이끌었다. 부족은 유프라테스강 주변의 비옥한 땅에 거주하며 그 지역에 큰 영향력을 펼치며 살았다. 유프라테스강 이남, 락까에서부터 강줄기를 따라 동쪽으로 100킬로미터 정도 떨어진 알 테브니(Al Tebni)까지 이르는 긴 지역에 13만명가량이 부족 공동체를 이루었고, 대부분 혈연을 바탕으로 했다. 와합은 이들을 친척이라고 불렀다.

와합네 부족(아쉬라)은 열세 개가량의 집안(파쿼드)으로 이루어져 있다. 집집마다 자녀의 수가 많다 보니 집안도 규모가 상당하다. 참고로 와합네 집안(파쿼드)은 다섯 개의 일가(아일라)로 나뉘는데, 와합네 일가는 성인 남성의 수만 쳐도 600명에 이른다.

갑작스럽게 할아버지가 돌아가신 후에는 외할아버지가 수장이 되었다. 할아버지가 돌아가신 후 와합네 일가는 세를 잃었지만, 외할아버지는 딸을 와합의 아버지와 결혼시켰다. 그 사이에서 와합이 태어났다. 더없이 귀한 아들이었다. 집안 내 막강한 두 일가 사이에서 태어난 첫 손자였기 때문이다.

참고로 우리에겐 상당히 놀랍지만 시리아에서는 친척끼리 결혼하는 풍습이 일반적이라고 한다. 혈연 및 거듭되는 혼인 관계가 친척 간의 결속을 계속해서 더 끈끈하게 만든다고. 예를 들어 와합의 아버지와 외할아버지의 관계를 보자. 두 분은 한 집안이며, 외할아버지는 아버지의 장인인 동시에 아버지의 고모부다.

할아버지가 살아계셨을 때 할아버지와 외할아버지는 항상 같이 다니셨단다. 한 집안 내, 비슷한 나이의 가장 친한 친척이자 친구였다. 외할아버지는 와합을 유독 아끼셨다. 자신의 외손자인 동시에, 절친한 친구의 첫손자인 와합이 그 일가와 집안을 다시 일으켜 주기를 기대하셨던 것 같다.

정부는 다른 주민들에게 일정 비율로 분배하던 땅을 와합네 집안에는 아예 주지 않았다. 와합네처럼 정부에 배척당하면서도 시리아에서 버티던 집안들은 항의와 소송을 계속했다. 와합이 태어나기 몇 년 전에야 소송 끝에 국가로부터 땅을 조금이나마 받았다. 그러나 일반 주민들과는 다른 불공정한 비율이었다.

그런데 놀랍게도, 정부가 몰수하여 분배한 땅을 받은 지역 이웃 중에서 이 땅을 몰래 다시 옛 주인인 와합네 집안에 돌려준 이들이 있었다. 덕분에 와합네 가세가 그나마 약간 회복이 되었다. 물론 예전과는 전혀 비할 바 못 되었지만. 그런 새로운 희망 속에서 와합이 태어났다.

와합을 만난 초기에 있었던 일이다. 고향 집의 위치를 물은 적이 있었다. 와합이 구글 지도로 집의 위치를 보여 주었다. 그러다가 지도를 움직여서 그 일대를 왔다 갔다 하는데 지명 중에 '아가(Agha)'라는 단어가 보였다.

"잠깐만 와합, 이건 뭐야? 여기 네 성(姓)이 보이네?"

"Kasrat Muhammad Agha. '무함마드 아가가 머물렀던 곳'이란 뜻이에요. 우리 할아버지가 사셨던 곳이거든요. 그래서 이 지역을 이렇게 불러요."

"뭐? 너희 할아버지가 살았다는 뜻이 그곳 지명으로 되었다고?"

와합은 씁쓸한 표정으로, 조심스럽게 말했다.

"이런 이야기 하면 어떨지 모르겠는데, 우리 집안은 아주 위세를 떨치던 시절이 있었어요. 이제는 다 의미 없지만요. 그래서 아버지는 항상 말씀하셔요. 돈이나 권력이란 건 있다가도

한순간에 사라질 수 있는 것이니 그런 것에 집착해서 따라가며 살면 안 된다고요."

덧붙여, 사회주의 국가가 되어 새롭게 기회를 잡은 사람들은 이 명칭이 아직도 남아 있는 것을 싫어한다는 얘기도 했다.

그때는 와합을 그리 잘 알지 못했고 시리아 역사에 대한 배경지식이 전혀 없어서 궁금한 점이 많았다. 그러나 파고들어 묻자니 좀 멋쩍었다. 또 당시 와합의 한국어 실력으로 볼 때, 역사와 관련된 설명을 제대로 듣기도 어려울 것 같았다. 그냥 국가나 집안이나 개인이나 그 흥망성쇠는 참 알 수 없다는 생각만 속으로 했다.

일가의 기대를 어깨에 짊어지고

와합은 여섯 살 때부터 외할아버지와 아버지를 따라 친척들의 행사나 큰 회의에 집안 대표로 참석해야 했다. 외할아버지의 총애 때문이었다. 성인인 삼촌들도 동참할 수 없는 조심스러운 자리에도 외할아버지는 늘 와합을 데리고 다니셨다.

어린 와합에게는 참 괴로운 자리가 아닐 수 없었다. 외할아버지와 아버지는 거의 말씀이 없으셨다. 결혼식처럼 즐거운 잔치에 가서도 또래 아이들과 같이 뛰어놀지 못하고 각 집안 대표인 어르신들과 같이 앉아 점잔을 빼고 있어야 했다. 특히 관습법이 아직 큰 영향력을 지닌 시절이었으므로 분쟁이나 시시비비를 가리는 판정을 내려야 하는 회의 자리에서는 분위기를 살피며 감히 입도 뻥긋할 수 없었다. 어쩌면 와합의 상당히 빠른 눈치는 이때부터 길러졌는지도 모르겠다.

가끔 어린 시절 이야기가 나올 때면, 와합은 동생들이나 또래 아이들처럼 어린아이답게 보내지 못했다고 한탄했다. 그러면 나는 짓궂게도 이렇게 말하곤 했다.

"글쎄…… 네 성격을 보면, 어쩜 어린 시절에는 기발한 장난을 골라 하는 장난꾸러기나 심한 악동이었을 수도 있을 것 같은데? 주위의 모든 어른이 발이 땅에 안 닿도록 떠받들었으니 엄청 버릇없게 자랐거나 이기적으로 자랐을 수도 있고. 오히려 감사히 여겨야 하는 거 아닐까?"

와합은 억울하다는 듯 열심히 항변했지만, 그가 진중함을 갖춘 속 깊은 사람으로 클 수 있었던 데는, 어른들 틈에서 엄격하게 예절을 익히며 자란 것도 한몫했을 거라는 생각이 든다.

그러나 일가의 기대감이 어린 와합의 어깨를 짓눌렀던 것은 참 안됐다. 바트당이 정권을 잡으면서 아버지와 일가의 남자들은 공교육을 받을 수 없게 되었다. 정부는 와합네 집안을 압박하며 바트당 입당을 강요했다. 힘을 빼앗기 위해 입당뿐만 아니라 부당한 역할들까지 시키려 했으므로 집안의 명예상 따를 수가 없었다. 거부하는 이들은 학교에서 쫓겨나고 교육을 못 받게 되었다. 이때 집안 내 많은 가족이 못 버티고 외국으로 나가기도 했다.

와합은 정부에서 교육의 기회를 다시 허락한 첫 세대였다. 당연히 일가의 기대가 클 수밖에. 부족의 대표 어르신들은 와합을 어릴 때부터 판사로 불렀다. 사실 어린 와합은 의사가 되고 싶었다. 그러나 어르신들은 한사코 판사를 고집했다.

"판사가 되어야지. 의사도 감옥에 갈 수 있어. 그러나 그 감옥에서 꺼내 줄 힘이 있는 사람이 '판사'야."

다행히 와합은 공부를 곧잘 했다. 일가의 기대감에 걸맞게 시리아 최고의 대학인 다마스쿠스 대학의 법대생이 되었다.

한국인들의 대부

와합이 한국인 유학생들을 처음 만난 것은 대학교 3학년 때였다. 집을 구하려고 길을 헤매던, 사피윳딘과 하나랑 친해지면서 점점 많은 한국인 친구가 생겼다.

"와합, 내 룸메이트가 많이 아픈 것 같아. 난 지금 여행 중인데, 떠나기 전부터 아팠어. 그런데 어제부터 전화가 안 돼. 시간되면 한번 가 봐 줄 수 있어?"

하나의 전화였다. 와합은 시간이 나는 대로 바로 찾아갔다. 마침 학교와 하나의 집은 가까웠다. 문을 여러 번 두드렸다. 그러나 아무런 인기척이 없었다.

'어디 나갔나?'

어떻게 해야 할까. 마침 같은 건물 안, 문을 맞대고 있는 개인 치과에서 근무하는 간호사가 아는 척을 했다. 한국인 여학생이 어제 집에 들어가는 것은 봤는데 그 후로 나오는 것을 보지 못했다고 했다.

와합은 하나의 룸메이트에게 전화를 걸어 보았다. 그러자 집 안에서 들려오는 전화벨 소리. 다시 열심히 문을 두드리고 발로 찼다. 학생을 불렀다. 그러나 대답이 없었다.

한참을 그러다 지쳐서 잠시 멈췄을 때였다. 끙끙 앓는 소리가 문틈으로 희미하게 새어 나왔다.

"문을 부수고 들어가야겠어요!"

소란을 피우는 탓에 나와서 지켜보고 있던 의사와 간호사가 와합을 말렸다. 하지만 어떤 상황인지 염려가 되었다.

"제 친구예요! 걱정 마세요. 제가 책임질 거고 수리 비용도 부담할 테니 좀 도와주세요."

와합의 부탁에 이웃들이 몰려들었다. 다 같이 몸으로 부딪쳐 문을 밀었다. 문이 많이 낡았던 덕분(?)인지, 여러 차례의 시도 끝에 드디어 열렸다. 학생이 문 앞에 쓰러져 있었다.

와합은 학생을 들쳐 안았다. 급히 택시를 타고 가장 가까운 국립 병원으로 갔다. 국립 병원에는 아는 의사들이 많았다. 운 좋게도 병원 입구에서부터, 전날 와합의 집에서 놀다 간 세 명의 의사 친구들과 마주쳤다.

안내를 받아 응급실로 부랴부랴 가는 길. 학생이 깨어났다. 정신이 좀 들었는지 와합에게 작은 목소리로 부탁을 했다.

"와합, 국립 병원 말고 믿을 수 있는 개인 병원으로 가 줘요.

가진 돈이 많지 않아요. 너무 비싸지 않은 병원으로 부탁해요."

사회주의 국가인 시리아에서는 국립 병원 의사들의 수준이 개인 병원보다 훨씬 높다. 그뿐만 아니라 진료비나 약값도 무료다. 그런데 한국인 유학생들은 이 사실을 잘 몰랐나 보다.

다행히 하나의 룸메이트는 건강상 큰 문제가 있지는 않았다. 무료 주사를 맞고 약을 타서 나왔다. 다만, "아가씨의 영양 상태가 좋지 않다"고 의사 친구들이 말했다. "요리해서 너만 혼자 먹지 말고 아가씨도 초대해서 같이 좀 먹어라" 웃으며 덧붙였다. 와합은 감사 인사를 하고 친구의 룸메이트를 데려다 주었다. 가는 길에 시장에서 음식을 사서 손에 들려 보내는 일도 잊지 않았다.

한번은 이런 일도 있었다.

"한국인 A를 아나?"

느닷없이 낯선 비밀경찰(무카바라트)이 와합에게 전화를 했다. A를 알고는 있지만 가까운 사이는 아니었다. 사실 안 지도 얼마 안 되었다. 와합은 솔직하게 대답했다.

A가 레바논으로 놀러 갔다가 자신의 신분을 증명할 서류를 잃어버렸나 보다. 시리아로 다시 입국할 때 국경에서 붙잡혔다. 하필 국경에서 잡혔으므로, 스파이가 아닌지 신분이 확인될 때까지 열악한 국경 보호소에 구금되어 있어야 했다. 그런데 안타깝게도 곧 이슬람 명절로 긴 연휴가 시작될 터였다.

그나마 운이 있었나 보다. 그 남자 유학생이 사는 동네는 전화를 한 경찰이 사는 동네였다. 경찰은 학생에게 호의를 베풀고 싶었는지 원칙대로 처리해 버리지 않고 기회를 주었다. 학생은 본인의 신분을 증명해 줄 한국인을 여럿 말했으나 모두 긴 연휴를 앞두고 여행을 갔는지 연락이 되지 않았다. 마지막으로 그는 압둘와합을 안다고 말했다.

와합은 학생을 그리 잘 알지는 못했지만 그간의 인상이 나빠 보이지 않았고, 긴 연휴 내내 감옥 같은 곳에서 떨고 있을 학생이 안되었다. 아버지 지인인 비밀경찰 고위 간부에게 연락을 해서 상황을 설명했다.

다시 전화가 왔을 때는 경찰의 태도가 많이 부드러워져 있었다. 그는 와합에게 퇴근할 때 학생을 태우고 가겠다고 했다. 마침 학생의 집에 본인을 증명할 서류가 있다고 하니 그것을 확인할 겸.

퇴근 시간. 경찰의 차 뒷좌석에서 잔뜩 겁에 질려 있던 학생은 와합을 보자 매우 반가워했다. 와합과 같이 식사를 하며 경찰이 말했다.

"서류를 확인했으니 긴 연휴 동안은 풀어 줄 거야. 대신 휴일 동안은 네 책임이다. 사라지면 네가 대신 감옥에 가야 해. 휴일이 끝나면 한국인을 우리에게 보내. 연휴 동안 국경 보호소에 있다가 온 것처럼 처리할 거야. 입단속도 시키고."

이 사건 이후에 비밀경찰들은 특정 한국인에 대해서 무언가 조사를 할 때마다 와합에게 연락을 했다. 역으로 어떨 때는 와합을 조사하는 것 같기도 했다. 친한 사피웃딘에 대해서도 여러 차례 "왜 친하냐"는 질문이 왔던 걸 보면.

이 일들뿐만 아니라, 한때 관공서에서 일부러 한국인 비자 연장을 깐깐하게 처리하며 골탕을 먹일 때가 있었는데 와합은 그때마다 동행하여 문제를 해결해 줬다. 집을 구할 때도 저렴하면서도 상태가 더 좋은 집을 구할 수 있도록 도와주었고, 핸드폰 개통에 어려움을 겪는 학생들을 대신해서 자신의 명의로 개통해 주기도 했다. 나중에 와합이 유학 오기 전 대리점에서 정리를 해 보니 자신의 이름으로 개통되었던 전화번호가 스무 개가량 되었다.

한국인 유학생들의 크고 작은 일들을 자신의 일처럼 도와주며 어울리다 보니, 동네에서도 한국인들의 뒤를 돌봐 주는 인물로 소문이 났다. 당연히 한국인 친구들과의 관계도 점점 끈끈해질 수밖에 없었다. 시리아에서 와합을 만났던 한 친구는, 그때 와합이 마치 '한국인들의 대부' 같았다고 표현했다.

현재 와합 주변에는 부러울 정도로 좋은 친구와 지인이 많다. 가족처럼 와합을 돌봐 주고 어려움에 처하면 자신의 일처럼 도와준다. 처음에는 참 인복이 많은 친구라고 생각했다. 하지만 와합과 친해지고, 지인들의 모임에서 여러 '시리아 에피

소드'를 들으면서 '뿌린 대로 거둔다'는 생각이 들었다.

물론 베풀었던 이들에게서 그대로 돌려받은 것은 아니었다. 낯선 타향살이를 하는 이방인들을 아무 대가 없이 도와주고 인정을 나누었던 것이, 돌고 돌아서 지금의 와합에게 다시 온 것이리라.

변호사가 되다

다마스쿠스 대학을 졸업한 후 와합은 변호사가 되었다. 그러나 변호사가 와합의 꿈은 아니었다. 와합은 법과 대학의 교수가 되고 싶었다.

시리아에서 국립 대학 법대 교수가 되는 것은 하늘에서 별 따기였다. 국립 대학의 수는 다섯 개밖에 되지 않았다. 그중 법대는 와합이 입학할 당시에만 해도 대도시인 다마스쿠스와 알레포, 두 곳에만 있었다. 교수의 사회적 위상은 엄청났다. 수 자체가 워낙 적을 뿐만 아니라 독재 정권 아래에서 법은 대통령과 법대 교수들에 의해서 만들어진다고 해도 과언이 아니었기 때문이다. 그들은 종종 대통령과 만나 회의를 했다. 또 판사들은 그런 대학 교수들의 제자였으므로 판례가 있어도 교수님 눈치를 먼저 볼 수밖에 없었다. 이런 법대 교수가 되려면 유학이 필수였다.

그러나 법대 교수도 표면적으로 말하는 꿈이었다. 사실 와합은 유학을 통해 외국에 나가서 넓은 세상을 보고 싶었다. 그는 아사드의 독재 정치에 불만이 많았다. 다른 나라들은 시간이 흐를수록 사회가 점점 투명해지는 것 같은데 시리아는 부패가 더 심해지고 사람들은 더 가난해지는 것 같았다. 답답했다. 다른 나라에 가서 세상이 어떻게 돌아가는지, 민주주의가 어떻게 이루어지고 있는지 보고 배우고 싶었다. 그리고 돌아와서 조국에 도움이 되고 싶었다. 하지만 이것은 아버지와의 비밀스러운 대화 중에만 말할 수 있을 뿐, 서슬 시퍼런 독재 정권 아래에서는 절대 입 밖에 낼 수 없는 이야기였다.

대학교 3학년 때부터 유학을 준비하기 시작했다. 여러 노력 끝에 프랑스 소르본 대학의 법대 교수님과 인연이 닿았다. 교수님의 권유로 유학 준비는 더 원활해졌다. 하지만 시간이 더 필요했고, 졸업 후 유학 준비만 하며 시간을 보내고 싶지는 않았다. 대학을 졸업하고 바로 변호사 시험을 보았다.

시리아는 한국과 달리 판사가 되려면 일정 연령이 넘어야 시험을 볼 자격이 주어진다. 검사는 공무원과 비슷한 위치라고 한다. 오히려 큰 권력을 가진 것은 경찰이었다. 가족과 친척의 강력한 권유로 와합은 경찰 시험에도 응시했다. 주변에서는 권력이 있는 경찰이 되기를 더 응원했지만, 와합은 싫었다. 그러나 강한 자존심 탓에 실력 부족으로 시험에 떨어졌다는 이야기는 더 듣기 싫었다.

일단 열심히 준비하여 1차 신체검사와 2차 필기시험에 합격했다. 하지만 최종 면접을 볼 때는 다른 면접자들과는 달리, 진지하고 고분고분하게 답변하지 않았다. 역시나 예상했던 대로 경찰 시험에서 떨어졌다.

그리고 변호사 시험에는 합격했다.

만약 그때 와합이 변호사가 아니라 경찰이 되었더라면 지금쯤 그의 인생은 어떻게 바뀌었을까? 일단 한국에 오지 않았겠지. 그리고 시리아에서 시민들의 민주화 시위가 일어났을 때 그 역시 명령을 따라 시민들에게 총부리를 들이대야 했을지도. 아님, 그것이 괴로워서 시리아의 많은 군인과 경찰이 그랬듯이 탈영했을까. 그래서 자유시리아군(Free Syria Army)과 같은 반군이 되어 정부군과 직접 전투를 하는 인물이 되었을지도 모른다.

글쎄…… 평소 와합의 성정으로 볼 때, 아마도 후자의 길을 선택하지 않았을까. 때로는 어떤 길을 선택하는가가 엄청난 결과로 이어지기도 한다. 운명이란 참 알 수가 없다. 때론 무섭기도 하다.

프랑스가 아닌 한국으로

시리아에서는 신규 변호사가 되면 2년 정도의 수습 기간을 거쳐야 한다. 지도 변호사를 따라 다니거나, 가벼운 사건의 경우 지도 변호사를 대신해서 법원을 다니며 경험을 쌓는다. 5년 이상의 경력과 일정 건수 이상의 수임 실적을 가진 변호사들이 지도 변호사가 될 수 있다. 신입 변호사는 이들 중에서 한 명을 선택하여 일을 배운다.

신규 변호사로 1년 정도 일하고 프랑스 유학을 말했을 때, 지도 변호사는 와합을 말렸다. 변호사로서 스펙을 더 쌓고 지도 변호사가 되어 유학을 간다면, 대우도 다를 것이고 시리아로 돌아와서도 낫지 않겠냐는 거였다. 그러나 와합의 생각은 달랐다. 몇 년이 지나면 가정이 생길 수도 있다. 자신의 지도를 받는 수습 변호사들이 생긴다면 그들에 대한 책임도 져야 할 것이다. 또 나이가 조금이라도 어릴 때 유학을 가는 것이 적응하기에도 쉽다. 더불어 유학 가서 학위를 받아 오면 남은 변호사 수습 기간도 면제된다.

그런데 소르본 대학에서 전액 장학금이 확보된 입학 승인을 받고 프랑스로 갈 준비를 하다가, 돌연 한국 유학으로 방향을 바꾸었다. 이번엔 지도 변호사뿐만 아니라 추천서를 써 주셔야 할 교수님들도 모두 반대했다. 교수님들은 이 젊은 친구가 개인적인 호기심으로, 예를 들면 한국인 여자 친구가 생겼다든가 해서 계획이 바뀌었다고 생각하시는 것 같았다. 혹은 프랑스 유학 계획 중 무언가 어그러져서 충동적으로 한국으로 방향을 돌린 것은 아닐까 판단하신 듯했다.

냉철하게 생각하자고 하셨다. 한국 법의 위상이 어느 정도인지, 한국 법의 영향을 받은 나라가 얼마나 되는지는 알아보았는지 등을 하나하나 물으셨다. 교수님들은 프랑스에서 공부할 때에도 한국 법에 대해서는 들어 본 적이 없다고 했다. 한국 하면 IT나 기술 분야의 강국이라는 이미지는 떠오르지만 법과 관련해서는 전혀 아는 바나 들어 본 바가 없다고. 왜 프랑스를 놔두고 한국으로 가려고 하느냐며 와합이 생각을 돌리기를 바랐다.

와합은 한국인 친구들이 너무나 좋았다. 친구들과 친해질수록 점점 한국에 대해 호기심이 일었다. 많은 나라와 외교 관계를 맺었는데 시리아는 왜 한국과는 교류가 없는 걸까? 한국에 대해서는 배경지식이 거의 없었다. 남한과 북한으로 나뉘었다는 것, 과거에 일본의 식민지였던 적도 있었고, 예전에는 가난했지만 현재는 큰 발전을 이루었다는 것, 삼성·현대와 같은 대기업이 있다는 정도였다. 같은 아시아권인 일본과 중국은 시리아에도 잘 알려져 있고, 그곳에서 살고 있는 시리아인도 많았다. 한국에는 사람들이 왜 안 갔을까?

한국에 대해서 정보를 찾기 시작했다. 그러나 정보가 너무 부족했다. 더구나 한국에서 유학 중인 시리아인이 없다는 것은 충격이었다. 와합은 새로운 꿈을 꾸기 시작했다.

"내가 가야겠다."

한국에 가서 학업을 하면서 한국의 사회, 문화, 역사에 대해서 공부해야겠다고 결심했다. 게다가 한국에는 보고 싶은 친구들도 많았다. 그 친구들과 같이 시리아와 한국의 문화 교류를 위해서 할 수 있는 일들도 많을 거라고 생각하니 마음이 설렜다.

'지금 시리아는 프랑스·러시아·중국을 위주로 교류하며 지내지만 언젠가 이 정권이 바뀌거나 무너지면 더 많은 나라와 교류를 넓히게 될 것이다. 그런데 현재 한국은 전혀 알려진 바가 없어. 먼저 가서 준비를 하고 있어야겠다. 내가 한국과 시리아를 잇는 다리 역할을 해야겠다.'

언젠가는 아사드 정권이 무너지거나 변혁이 올 거라는 이야기들이 희미하게나마 들리기도 했다. 와합 역시 그런 날이 오기를 기대했으므로 과감하게 방향을 돌려 한국행을 계획했다. 다만, 불과 몇 년 후 시리아가 생지옥이 되어 돌아갈 수 없는 상황을 맞으리라고 예측지 못했을 뿐.

와합은 교수님들을 설득했다.

"교수님처럼 학식이 높은 분도 한국 법에 대해서 알지 못하는데, 누가 한국 법에 대해 알까요? 한국은 국제적 위상이 높은 나라지만 한국 법에 대해서 아는 사람은 아무도 없습니다. 프랑스 법은 프랑스에 가지 않아도 교수님이나 다른 사람을 통해서 배울 곳이 많이 있지만, 동아시아 법은 아는 이가 드뭅니다. 앞으로는 동아시아 법에 대해서도 알아 가야 할 텐데, 특히 한국 법은 아는 이가 없습니다. 그래서 더 도전 의지가 생깁니다. 저는 제가 이 일에 가장 적합한 사람이라고 생각합니다. 교수님, 추천서를 써 주십시오."

알아사드가 망쳐 놓은 현대사

★ 이스라엘과의 전쟁부터 아랍 연방 공화국까지

1946년 프랑스로부터 어렵게 독립을 이루었지만, 시리아의 행복한 시절은 그리 오래가지 못했습니다. 곧이어 이스라엘이 팔레스타인을 점령했고(알 나크바: 대재앙의 날), 시리아를 포함한 몇몇 아랍 국가들은 팔레스타인 해방을 위해 이스라엘과 전쟁(제1차 중동 전쟁)을 벌입니다. 하지만 아랍 군대는 이 전쟁에서 패배하고 말죠. 시리아군은 전쟁에서 패했다는 비난을 받았고, 그러면서 군대와 정치권 사이에 갈등이 불거집니다. 그리고 연달아 다섯 번의 군사 쿠데타가 일어납니다. 1949년에서 1954년 사이의 짧은 시간에 말이죠.

다섯 차례의 쿠데타 이후에야 정치는 다시 일상으로 돌아왔습니다. 이때 '아랍 민족주의'라는 시대적 흐름이 있었습니다. 아랍 민족은 하나라는 생각으로 단일한 정치적 공동체를 만들어 하나의 정부를 세우자는 것이죠. 다른 아랍 국가들과의 통일 운동이 시작되었고, 이는 성공적으로 진행되었습니다. 시리아 국민의 제안으로 1958년 이집트와 연합하여 '아랍 연방 공화국'이 세워집니다.

이때 아랍 연방 공화국 설립에 반대하다가 강제 해산되었던 정치 세력이 바트당(아랍 사회주의 부흥당Arab Socialist Ba'ath Party)입니다. 이 바트당은 1961년 군사 쿠데타를 일으켜 정권을 잡습니다. 그러고는 아랍 연방 공화국을 탈퇴하여 '시리아 아랍 공화국'을 선포하죠. 이때만 해도 비록 정치적으로 불안정하긴 했지만 다양한 정당의 활동이 보장되는 등 그래도 봄날을 누리는 듯했습니다.

★ 바트 국가에서 알아사드 국가로

1963년 바트당은 다시 한번 군사 쿠데타를 일으켜 국가 통치권을 완전히 거머쥡니다. 이때부터 1당 체제가 되어 시리아의 민주주의는 끝이 났고, 정치적인 자유도 사라져 버립니다. 바트당의 군대는 시리아를 강압적이고 압제적으로 통치했습니다. 그 시대를 '바트 국가' 시기라고 부릅니다. 그런데 여러 차례에 걸쳐 고속 승진을 한 공군 사령관 하페즈 알아사드(Hafez al-Assad)가 1966년 국방 장관에 임명되고, 이로 인해 바트당 내에서도 수많은 갈등이 생겨납니다.

1967년 6월 아랍-이스라엘 전쟁(제3차 중동 전쟁 또는 6일 전쟁)이 발발하는데, 아랍군(시리아, 이집트, 요르단, 레바논)은 이번에도 패배합니다. 그리고 시리아의 골란 고원을 이스라엘이 점령하죠. 그러면서 당시 국방 장관이던 하페즈 알아사드에 대한 비난의 목소리가 거세집니다. 그가 상부의 지시를 어기고 의도적으로 무능한 전투를 벌였다는 이야기가 만연했기 때문입니다. 시리아뿐만 아니라 주변 아랍 국가에서도 그를 반역죄로 기소하자는 목소리가 높았습니다.

1970년 검은 9월 사건(요르단에서 팔레스타인 해방 기구가 요르단군을 상대로 벌인 전쟁)으로 바트당 내 갈등이 절정에 이릅니다. 검은 9월 사건에 시리아가 군사적으로 개입하는 과정에서, 국방 장관인 하페즈 알아사드가 정부와 상의나 승인 없이 독단적으로 행동했기 때문이죠. 바트당 총회의 요청으로, 하페즈 알아사드 국방 장관을 해임하라는 대통령령이 내려옵니다. 그러나 알아사드는 이를 받아들이지 않고 오히려 군사 쿠데타를 일으켜 정권을 장악합니다. 그는 7년 임기에 무제한 재선을 허용하는 대통령 제도를 만들고 명목상의 총선거를 통해 1971년 대통령으로 선출됩니다. 이제 '바트 국가'는 사라지고 '알아사드 국가'가 시작된 것이죠.

★ 서방의 지지를 등에 업은 알아사드의 폭정

알아사드는 내부적으로는 정보기관을 기반으로 강력한 국정 체제를 구축합니다. 그리고 대외적으로는 영국·프랑스·러시아 등의 지지를 등에 업고, 헤즈볼라·팔레스타인 세력 등을 통제하며 힘을 쌓아 갔죠. 그렇게 그는 2000년까지 30년간 시리아를 철권통치합니다.

알아사드 통치 체제는 국가 권력이 국민 생활을 지배하는 전체주의였습니다. 경찰뿐 아니라 정보기관만 열여섯 개나 되었습니다. 이 조직들은 국민의 반대편에 서서 국민을 감시하고 주변국의 정보기관까지 통제했죠. 시리아 국민은 의사 표현의 자유가 없었습니다. 시민 사회단체를 만들 수도 없었습니다.

하페즈 알아사드는 고위 관직을 자신의 종파가 독점하도록 하고, 그들에게 다양한 특혜를 주었습니다. 알아사드가 속한 '알라위 종파' 출신은 졸업하자마자 좋은 일자리를 얻고 빠르게 승진하는 반면, 알라위파가 아닌 국민들은 더 높은 학위나 자격이 있어도 취업하기가 어려웠습니다. 사소한 이유로 다른 종파 출신 군인을 해고하고 '알라위파' 군인을 고속 승진시키는 사례도 많았습니다. '알라위 종파'는 짧은 시간에 군대를 독점해서, 7만 명의 장교 중 6만 명이 알라위파 출신일 정도가 되었습니다. 또, 시리아 전체 인구의 10~11%에 불과한 알라위파 사람들이 공공기관 일자리의 80%를 차지하고 있습니다. 물론 경찰과 열여섯 개 정보기관의 장은 모두 알라위파 출신으로 채웠고요.

이뿐만이 아닙니다. 알아사드는 의도적으로 하위 계층을 위로, 상위 계층을 아래로 보내는 등 사회 구조를 뒤흔드는데, 그 과정에서 뇌물 수수와 특혜가 어느새 원칙이 되어 버렸습니다.

★ 저항하는 국민들과 끔찍한 대학살

시리아 국민들의 불만은 커졌고, 민주주의와 사회 평등을 회복하기 위한 운동이 시작되었습니다. 이를 '시리아의 봄'이라고 부릅니다. 알아사드 정권은 철권으로 이러한 움직임을 억제하고, 평화 운동을 왜곡하여 불법 무장 활동이라는 누명을 씌웠습니다.

당시 이 민주화 운동에 참여한 조직 중 '무슬림 형제단'이라는 곳이 있습니다. 이들은 하페즈 알아사드를 암살하려고 했지요. 이에 하페즈는 '무슬림 형제단'을 테러 집단으로 보고 제거했습니다. 그런데 거기서 끝이 아니었습니다. 민주화 운동에 참여한 다른 모든 이들까지 무슬림 형제단 일원이라고 몰아세운 거죠. 무슬림 형제단과 아무런 관련이 없는 사람들까지 테러 집단이라는 혐의로 체포되었습니다. 심지어 기독교인이거나 종교에 반대하는 공산주의 성향의 활동가들조차 민주화 활동에 참여했다는 것만으로 무슬림 형제단과 관계가 있다며 체포합니다. 그들은 고문을 받다가 사망하거나, 종신형 또는 사형 선고를 받았습니다.

하페즈 암살 시도 사건이 있은 후, 하페즈의 동생이자 고위 장

교인 리파트 알아사드는 병사들을 데리고 새벽에 타드모르 감옥
(Tadmor Prison, 시리아 유적지 팔미라 밑에 있는 감옥으로, 정치범 및 군사범
구속자를 위한 특별 감옥. '시리아의 봄'과 관련된 수감자들이 많았음)에 침
입하여 끔찍한 학살을 저지릅니다. 그날 1200명 이상의 수감자들
이 총알에 맞아 세상을 떠났습니다. 시리아 국민들은 리파트 알아
사드를 '타드모르의 도살자'라고 불렀습니다.

하페즈는 민주화 운동을 이유로 1982년 시리아 중부에 위치한
하마 시를 27일 동안 포위합니다. 군인들은 무작위로 도시를 폭격
하고, 절도·강간·고문은 물론이고 현장 사형도 서슴지 않는 등 끔
찍한 학살을 저지릅니다. 4만~6만 명의 사상자가 생겼고, 지금까
지도 관련 수감자와 실종자가 남아 있습니다.

'하마 대학살'과 '타드모르 학살' 같은 끔찍한 학살이 발생하고,
언론 탄압 등 구체적인 인권 유린 사례가 계속되었음에도 서구는
침묵했습니다. 하페즈 정권이 이슬람교와 거리를 두는 세속주의 성
향의 정권이기 때문이었죠.

하페즈는 이런 잔인한 방식으로 민주화 운동을 억제하고 철권통
치를 강화했습니다. 그리고 시간이 흘러 2011년 시리아 혁명이 발
발했을 때, 그의 아들 바샤르 알아사드도 아버지와 똑같은 방식으
로 대응합니다.

★ 아버지보다 더했던 아들 알아사드

하페즈 알아사드는 장남 바셀(Bassel)이 그를 계승하여 시리아를 통
치하도록 준비하고 있었습니다. 그러나 바셀이 1994년 교통사고로
사망합니다. 2000년 6월 10일 하페즈가 사망하고, 한 달 후인 7월

10일 대통령의 자리는 둘째 아들인 바샤르(Bashar)에게 돌아갑니다. 헌법은 그가 대통령에 오를 수 있도록 말도 안 되는 방식으로, 그것도 단 5분 만에 수정됩니다. 그럼에도 국민들은 희망을 가지고 바샤르 알아사드에게 기대를 걸었습니다. 런던에 살았던 그가 개방적인 사람처럼 보였기 때문이죠.

바샤르는 이런 국민들의 기대를 저버립니다. 그 역시 아버지처럼 정보기관과 군대를 기반으로 국정을 운영해 나갔습니다. 그는 마치 가족 소유의 농장을 운영하듯 국가를 통치했습니다. 그가 통치하는 동안 부패와 빈곤층은 오히려 크게 증가했습니다.

그의 아버지 하페즈는 국가의 중요 직책을 알아사드 일가와 친척에게만 나누어 줬습니다. 바트당 안 요직에 있는 자들에게만 국가와 사회를 이끄는 역할을 허용했지요. 정권에 반대하는 사람은 체포했으며, 경찰과 정보원의 자의적 판단에 의한 체포나 정보기관(무카바라트: 비밀경찰)의 도청·감청 같은 권력 남용과 횡포를 방치했습니다. 언론을 장악하고, 시위를 금지하고, 당·협회·시민단체 등을 설립하는 것을 제약했습니다. 정치적 활동을 하려는 사람들 역시 체포했고요.

바샤르는 아버지의 억압적인 정치 방식을 그대로 답습했을 뿐 아니라 본인이 작은 일 하나까지 통제하며 모든 권력을 휘두르는 면에서는 아버지를 능가하였습니다.

★ 침체되어 가는 경제와 교육

시리아의 석유는 공식적인 국가 예산에 포함되지 않습니다. 대통령이 비밀리에 직접 관리하기 때문이죠. 그래서 1970년부터 지금까지

50년 동안 석유 예산이 얼마였는지 아무도 모릅니다. 일반적인 사업 분야에서도 알아사드 친척이나 부하의 보호를 받아야만 투자가 가능합니다. 그들은 이름만 걸어 놓고 소유권의 절반 이상을 가져가죠. 시리아는 천연자원과 전문 인력이 풍부함에도, 이와 같은 이유로 발전하지 못하고 계속 퇴보했습니다. 경제도 크게 침체되었고요. 알아사드와 그 측근들은 마약·무기·밀수품을 거래하고, 심지어 유물까지 판매하여 해외 조세 피난처에 규모를 상상할 수 없을 정도로 큰 재산을 쌓아 놓고 있다고 합니다.

대부분의 시리아 국민은 교육을 중요하게 생각해 왔고, 그래서 수준 높은 교육을 받아 왔습니다. 시리아 헌법에는 '교육은 모든 시민의 권리 중 하나이고 기본 교육 단계(초·중학교)는 의무이며 모든 교육 단계(유치원~대학원)는 무료'라고 명시되어 있습니다. 시리아의 대학들은 아랍 국가 사이에서 선구적이었으며 학문적으로도 권위가 있었습니다.

그러나 아사드 시대에 와서 수준이 크게 떨어졌습니다. 알아사드는 좋은 교육이 궁극적으로 진정한 자유와 민주주의로 이어지는 원동력이 된다는 걸 알고 있었습니다. 그래서 교육을 망치기 위해 더 노력한 거죠. 명망 있는 학자나 사회 인사같이 높은 수준의 교육을 받은 계층을 모욕하고 퇴출시킨 뒤, 그 자리에 제대로 교육받지 못한 사람들을 대신 앉히고 사상 교육을 강화했습니다. 이러다 보니 국민들은 시리아에서 공부하고 일하기보다 해외에 나가 공부하고 일하는 것을 선호하게 되었습니다.

시리아 사람에게 '시리아'를 한 단어로 소개해 보라고 한다면, 아마도 많은 이들이 '모자이크'라고 답할 겁니다. 다양한 민족·사상·종교(종파)의 사람들이 오랜 시간 평화롭게 함께 살아오며 서로를 존중했기 때문이죠.

낯설게 생각할 분도 계시겠지만, 사실 시리아는 종교에 대해 매우 관용적인 태도를 가진 나라입니다. 시리아의 공휴일 목록만 봐도 알 수 있습니다. 이슬람과 관련된 날뿐만 아니라 기독교와 관련된 날도 공휴일로 지정하고 있습니다. 주요 공휴일은 다음과 같습니다. 신정(신년), 이슬람 신년(El-Hijra), 서방정교회 부활절, 동방정교회 부활절, 성탄절(크리스마스), 이드 알 피트르(Eid al-Fitr, 라마단 종료 축제일), 이드 알 아드하(Eid al-Adha, 이스마엘 희생 축제일), 이슬람의 예언자 무함마드의 탄신일(Mawlid al-Nabi al-Sharif, 마울리드) 등등.

또한 시리아 현대사에서 프랑스 점령에 반대한 독립군의 구성을 살펴보면 다양한 민족과 종교에 속한 인물로 되어 있음을 알 수 있습니다. 독립을 주장한 정치인들도 마찬가지였습니다. 대표적인 인물이 기독교인인 파리스 쿠리(Fares al-Khoury)입니다. 그는 유엔 창립 회의에 시리아 대표로 참여해 창립 헌장에도 서명한 인물입니다. 유엔에서 오랫동안 시리아 대표를 맡았으며 시리아에서 장관·국회 의장·총리로도 오래 일했습니다.

또한 오스만 시대 말기 '아랍 민족주의 운동'이 일어났을 때, 당시 가장 두드러진 지도자가 시리아의 지식인 자키 알아르수지, 미셸 아플라크, 살라흐 알딘 알비타르였습니다. 자키 알아르수지는 알라위파 무슬림, 미셸 아플라크는 기독교인, 살라흐 알딘 알비타르는 아랍 수니파 무슬림이었지만, 이들은 합심하여 아랍 민족주의 운동을 이끌고, 후에 사회주의 성격의 바트당을 창당합니다.

★ 알아사드가 망쳐 놓은 시리아를 되돌리기 위해

이런 '모자이크 같은 시리아'는 알아사드가 권력을 장악한 뒤에 사라지고 맙니다. 시리아가 종파주의적인 국가로 변모하게 된 것이죠. 알라위 종파가 권력을 독점하게 되고, 나머지 국민들은 알아사드에 대한 충성도에 따라 계급이 결정됩니다.

알아사드를 추종해야만 자리를 차지할 수 있었으니 지식인, 정치인, 종교 지도자(이맘, 목사, 신부 등)의 권위도 추락하고 맙니다. 많은 종교 지도자가 자신의 자리를 지키기 위해 정보기관(무카바라트)의 정보원이 되어 신자를 감시하고 정기적으로 상세한 보고서를 제출했습니다. 일가 내에서도 항상 알아사드에게 충성하는 모습을 보여야 했고, 서로 의심하는 풍조가 생겼습니다. 알아사드는 종교 및 종파 간에 불화를 심었고 사회를 분열시켰습니다.

시리아 국민들은 말합니다. "알아사드 통치의 시작은 시리아 추락의 시작이다." 대다수 시리아 국민의 꿈은 자유롭고 민주적이며 공정한 시리아입니다. 이를 달성하려면 독재 정권은 종료되어야만 했습니다. 이 꿈을 위해 시리아 국민은 혁명을 시작합니다.

3장

압둘와합의
좌충우돌 한국 생활

시간이 약

2009년 10월, 와합은 한국에 도착했다.

한국 말을 전혀 못했으므로 우선 어학원에 등록하여 '가나다라'부터 익혔다. 어학원 생활은 즐거웠다. 남학생이 드물어서 조금 아쉬웠지만 선생님도, 수업을 같이 듣는 외국인 친구들도 친절해서 금방 친해졌다.

그러나 많은 것이 시리아랑은 다른 한국 생활이 결코 쉬울 수는 없었다. 가장 적응하기 힘든 것 중 하나는 음식이었다. 일단 메뉴를 선택하는 것부터 만만치 않았다. 무슬림은 돼지고기를 먹어서는 안 된다. 따라서 음식에 아주 조금이라도 돼지고기가 들어가는지 일일이 확인해야 했다.

얼핏 생각하면 단순히 돼지고기를 주재료로 한 음식만 피하면 될 것 같지만 사실은 상당히 까다로운 일이다. 햄이나 소시지, 고기만두 같은 종류도 먹을 수 없을뿐더러 재료로 아주 조금 들어간 것도 안 된다. 예를 들어 빵 위에 아주 살짝 뿌려진 작은 베이컨 조각들 같은 것도 신경 써야 하고 국물로 쓰는 육수 성분도 고려해야 한다. 라면도 스프나 면을 튀긴 기름에 돼지고기 성분이 대체로 들어가므로 먹을 수 없다. 이러다 보니 식당에서 물어본다고 해도 그 대답을 그대로 믿기가 어렵다. 주인도 의식하지 못한 돼지고기가 음식에 들어 있는 경우가 꽤 있으므로.

한번은 와합과 같이 간 모임에서 샤브샤브를 주문했다. 샤브샤브라면 재료를 다 눈으로 볼 수 있으니 안전(?)하다고 생각해서 주문한 거였는데, 아뿔싸! 친절한 주인이 국물에 손수 우르르 넣어 주는 재료 사이로 작은 소시지와 만두가 보였다. 순간 당황했다. 와합이 못 봤기를 바랐다. 지금에서 돌이켜 보면 참 무례하기 짝이 없지만, 바로 몰래 건져 낼 생각이었다. 하지만 눈썰미 좋은 와합이 이를 놓칠 리가 없었다. 속이 좋지 않다며 조용히 숟가락을 내려놓았다. 낯선 어른들이 있는 자리여서 분위기를 어색하게 만들기 싫었나 보다.

센스 있는 한 분이 눈치를 채고 이유를 물었고 내가 대신 어물어물 대답했다. 그러자 그분은 식당 주인에게, 미안하지만 국물을 바꿔 줄 수 있는지 부탁했다. 주인은 혹시 종교상의 이유냐고 묻더니 두말없이 이미 재료가 들어간 국물을 바꿔 줬다. 다행히도 문화적으로 열린 사람이었다. 친절한 식당 주인

덕에 모두 즐겁게 식사를 할 수 있었다.

이 일만 해도 와합이 한국에 온 지 서너 해가 지나 있었던 일이니 한국어를 못하는 초기에는 더 불안하고 힘들었을 것이다.

돼지고기를 피한다고 해도 또 다른 난관이 남아 있었다. 바로 맛이었다. 와합은 입맛이 예민한 편이다. 사피웅던 님은 와합 어머니의 음식 솜씨가 너무 뛰어나신 것도 한 가지 이유라고 했다. 입맛이 까다롭다 보니 낯선 음식에 적응하기가 더 어려웠다. 특히 초기에는 한국 음식 냄새가 못 견딜 만큼 힘들었단다.

그러다 보니 밖에서 식사를 할 때는 시리아에서 잘 먹지도 않던 햄버거, 치킨만 사 먹었다. 점점 말라 가는 와합을 보다 못해 어학원의 이경아 선생님이 조언을 했다.

"와합, 한국에서 살려면 한국 음식에 적응해야 하지 않겠어요? 그냥 눈 딱 감고, 숨 쉬지 말고, 오래 씹지도 말고 삼켜요. 아이들이 싫은 음식 먹을 때처럼요. 음식을 맛으로 먹지 말고 생존을 위해 먹는다고 생각해요."

선생님은 수업도 잘하고 학생들에게 친절한 분이었다. 와합은 한국 생활에 적응하는 데 선생님으로부터 많은 도움을 받았으므로 의견에 귀를 기울일 수밖에 없었다.

선생님과 친구들에게 이끌려 한식을 파는 식당에 갔다. 음식을 잠시 노려보다가 한 술 떠서 털어 넣었다. 숨을 참고 대충

씹어 꿀떡 삼켰다. 익숙지 않은 냄새가 훅 올라왔다. 어린애처럼 얼굴을 잔뜩 찌푸린 와합에게 선생님이 조용히 말했다.

"시간이 약이에요, 와합."

그 말이 맞다. 이제 와합은 웬만한 한국 음식은 다 잘 먹는다. 나물도 좋아하고 회도 잘 먹는다. 특히 된장찌개 사랑은 유별날 정도다. 하도 "된장, 된장" 노래를 불러서 우리가 된장남(?)이라고 놀리고 있으니. 정말 시간이 약이다.

"와합, 왜 매일 전화해?"

확연히 다른 사회 분위기도 처음에는 적응하기 어려웠다. 시리아는 가족, 친구, 친족, 이웃을 위주로 한 공동체 중심의 문화다. 끈끈한 인간관계를 바탕으로 한결 여유가 있는 시리아 사회와 달리 한국 사회는 너무나 바빠 보였다.

시리아에서는 정말로 친한 친구 사이라면 아무리 바빠도 매일 연락을 한다. 연락을 하는 것이 서로를 챙기는 거라고 생각하기 때문이다. 그러니 하루라도 연락이 없으면 '무슨 일이 있나' 궁금해한다.

와합은 시리아의 가족에게 당연히 매일 연락을 했다. 부모님 집에 친구나 이웃이 놀러 와 있으면 전화를 바꿔 안부를 묻고 이야기를 나눴다. 그리고 친한 한국인 친구들에게도 역시 매일 전화를 했다. 어느 날 한 친구가 조심스레 물었다.

"와합, 왜 매일매일 전화해?"

시리아에선 친한 친구끼리는 자주 만나는 것은 물론이고 연락해서 만나자고 하면 특별한 일이 없는 한, 말이 나온 그날 만나서 식사를 하거나 차를 마신다. 이게 일상이고 예의다.

그런데 한국 친구들에게 전화해서 만나자고 하면 며칠 후, 혹은 다음 주로 약속을 잡는 거였다. 시리아에서는 한 해에 몇 번 만날까 말까 하는 사이에서나 일주일 후에 만나자는 약속을 잡는다. 다음 주가 되면, 오늘 내가 친구를 만나고 싶을 때의 기분이나 상황이 달라지지 않는가.

와합은 당혹스러웠다. 실망감도 들었다. 내가 친구들을 생각하는 것만큼 친구들은 나를 가까운 사이로 생각하지 않는구나.

집으로 초대하는 문화도 달랐다. 시리아에서는 특별한 장소를 같이 가서 구경하고 싶은 게 아니라면 만나는 장소는 항상 서로의 집이다. 전화해서 "오늘 만날래?"라고 물으면, "응, 빨리 우리 집으로 와"라든가 "저녁에 우리 집에서 밥 같이 먹자"라는 답이 일반적이다.

그러나 한국 친구들이랑 만나는 장소는 항상 커피숍이나 홍대, 강남 같은 외부 장소였다. 처음에는 집에 무슨 사정이 있거나, 거리가 멀어서 중간쯤에서 만나자고 하는 거겠지, 하며 이해했지만 매번 그러니까 서운했다.

시리아에서 친구를 집으로 초대한다는 것은 가난하든 부자이든 자기가 살고 있는 모습 그대로를 친구에게 보여 준다는 뜻이다. 특히 가족과 같이 살고 있다면 친구를 가족에게 당연히 소개해야 한다. 그건 친구가 가족에게 소개할 만큼 신뢰할 수 있고 좋은 사람이라는 의미다. 그런데 한국 친구들은 와합을 초대하는 일이 없었다. 와합은 실망스럽다 못해 슬펐다.

　'내가 가족에게 소개해 줄 만큼 가까운 친구가 아니었구나. 소개하기에는 부끄럽고 부족한 사람인가 보다.'

　사피웃딘 형님의 집으로 초대받아 가족과 인사를 했을 때는 뛸 듯이 기뻤다. 나중에 그날 얼마나 행복했는지 형님에게 이야기했다. 형님은 "나도 근래 몇 년 동안 집으로 친구를 초대한 건 네가 처음"이라고 하며 한국 생활에 대해서 설명했다. 형님 외에 다른 친구에게서도 비슷한 이야기를 듣고 나서야 와합은 마음이 풀렸다. 그동안 한국인과 시리아인 사이에 감정상 비슷한 점이 많다고 느껴왔는데 문화 차이는 생각보다 컸다.

힘겨운 대학원 순례기

와합이 한국으로 올 때는 전액 장학금과 대학원 입학이 준비된 것으로 알았다. 그런데 막상 한국에 도착하니 계획했던 모든 일이 어그러져 있었다.

매우 난감하고 당혹스러운 상황이었지만 스스로 대학원에 입학하는 방법을 찾는 수밖에 없었다. 먼저 친구들과 정부 장학금을 주는 기관부터 찾아갔다. 하지만 시리아와는 수교가 없어서 정부 장학금은 받을 수 없다는 답을 들었다. 할 수 없이 장학금을 주는 대학교를 하나하나 찾기로 했다.

사피웃딘 형님과 하나 누나가 적극적으로 도와주었다. 어학원을 이제 겨우 두 달 다녀 한국어가 매우 서툰 와합을 대신해서, 누나와 형님이 인터넷으로 입학 전형을 알아보거나 직접 전화를 걸어서 장학금 여부 등을 문의했다. 그리고 형님은 시간이

나는 대로 학교를 방문할 때마다 부지런히 동행해 주었다.

학교 방문 중 잊을 수 없는 일을 겪기도 했다.

학비를 전액 지원할 뿐만 아니라, 재단에서 생활비까지 지원해 주는 아주 탐나는 조건을 제시하는 대학원을 찾았다. 입학을 지원하는 과정에서 일이 순조롭게 흘러갔고 절차를 밟는 동안 만난 사람들도 모두 친절했다. 마지막으로 최종 결정자인 교수님을 만나 면접을 볼 때였다.

교수님은 한국에는 왜 왔느냐고 물었다. 와합은 연구 계획서에 썼던 대로, 한국 법을 공부하면서 시리아 법 및 그 바탕이 되는 이슬람법과 비교하고 연구하러 왔다고 영어로 대답했다. 교수님은 무표정한 얼굴로 별 반응 없이 대답을 듣더니 돌연 영어로 가 보라고 말하고는 알 수 없는 한국 말을 덧붙이며 나가라는 손짓을 했다. 더 이상의 질문도 없었다.

와합은 어안이 벙벙했다. 교수님의 '가라'는 짧은 영어의 의미를 알 수가 없었다. 그래서 무슨 뜻인지, 언제 다시 오라는 말씀이신지 재차 물었다. 그러자 교수님은 비딱한 자세로 앉아, 성의 없이 훑어보고 있던 와합의 연구 계획서를 앞으로 툭 내던졌다. 교수님의 태도도 불쾌하고 당황스러웠으나 이어지는 말은 더 황당했다. 한국어와 영어를 섞어서 하는 말이라 정확하게 이해할 순 없었다. 영어 부분은 알아들을 수 있었지만, 듣고 있으면서도 이해가 안 갔다.

교수님은 불쾌한 눈빛과 경직된 어조로 말했다. 자신은 이슬람이나 아랍권에 관심이 하나도 없고 이슬람은 전혀 알고 싶지 않다, 그러니 이슬람에 대한 것을 함께 연구할 생각이 일절 없다고.

와합은 무언가 오해가 생긴 것이라 판단하여 열심히 설명했다.

"저는 이슬람을 알리려는 것이 아니라 학문으로서 이슬람법과 한국 법을 비교하고 연구하려는 겁니다. 하지만 교수님께서 싫다고 하시면 연구 주제를 다른 것으로 바꿀 수 있습니다."

그러자 그는 더 이상 말할 필요도 없다는 듯이 손을 흔들더니, 천천히 힘을 주어 영어로 말했다.

"솔직히, 나는 이슬람과 무슬림이 싫어. 다른 학교 다른 교수님을 찾아가 보게."

순간 귀를 의심했다. 교수라는 사람의 입에서 나온 말이라고는 도무지 믿기지가 않았다. 종교나 문화를 이유로 '싫다'는 말을 면전에서 듣다니. 뭔가 잘못 이해한 부분이 있으리라.

다음 날 사피웃딘 형님과 함께 다시 교수님을 찾아갔다. 형님은 교수님과 열심히 이야기를 나누더니 굳은 얼굴로 와합에게 말했다.

"와합, 그냥 가자."

무슨 말인지 통역을 해 달라고 계속 얘기했으나 형님은 아무런 설명이 없었다. 이 학교에는 입학하기 어렵겠다고, 그냥 가자는 말만 반복하며 와합을 끌고 나왔다. 속 깊고 따뜻한 형님의 성격으로 볼 때 무슨 상황인지 충분히 이해가 갔다. 와합도 더 이상은 묻지 않았다.

  물론 이런 일만 있었던 것은 아니다. 와합은 일부라도 장학금을 주는 학교를 서울뿐만 아니라 전국적으로 찾아, 메일을 보내거나 직접 방문했다. 포항 한동대의 교수님은 참 친절하고 배려가 넘치는 분이었다. 메일로 일단 학교를 방문해서 함께 생각하고 의논하자고 하셨다. 학교에서 제법 떨어진 버스 정류장까지 사람을 보내 와합을 태워 오게 하고, 면담에 앞서 조교를 따라 우선 학교를 한 바퀴 구경하고 오라 했다. 와합이 학교를 돌아보고 오자 교수님은 학교의 특성에 대해 영어로 설명하셨다. 외국인 학생인 와합의 입장에서 예상되는 학교의 장점과 단점에 대해서도 따뜻한 말투로 하나하나 말씀하셨다. 교수님은 와합의 연구 주제에 관심이 있다고 하셨다. 선택은 와합의 몫이었다.
  교수님의 인품에는 마음을 빼앗겼으나 현실상 제약이 많았다. 한동대는 도심에 위치한 대학이 아니었다. 더구나 인근 마을로부터도 뚝 떨어져 있어서 고립된 느낌까지 들었다. 이곳에서 지내면 조용히 학업에 몰두하기에는 좋겠으나, 다양한 사람들과 교류하고 여러 경험을 하며 한국을 제대로 배우고 느끼기에는 어려움이 많겠다는 생각이 들었다. 교수님이 왜 꼭 학교를 방문하라고 했는지, 우선 학교 구경을 하고 난 후에 이야기를 나누자고 했는지 알 것 같았다.

　시간은 점점 흘렀다. 끊임없는 학교 순례로 조금씩 지치기 시작했다. 시리아에서 가지고 온 돈도 어학원 비용과 생활비로 점점 바닥이 나고, 여권과 비자 문제까지 겹쳤다. 한국 유학을 접고 시리아로 돌아가야 하나 점점 초조해졌다.

　그러던 중 동국대를 방문해서 면접을 봤다. 당시에 학장님이던 정용상 교수님이 나오셨다. 인상이 따스하고 인품이 좋아 보이셨다. 교수님은 왜 한국에 왔는지, 어떤 연구를 하려고 하는지 한국어로 천천히 물었다. 6~7개월 동안 어학원을 다니며 공부한 한국어 실력으로 와합은 열심히 대답했다.

　지난번 무슬림을 싫어한다던 교수님과의 면접 이후로 깨달은 바가 있었으므로, 자신은 '이슬람을 알리려고 하는 것이 아니라 이슬람법과 한국 법을 비교 연구하려는 것'이며 이것은 '한국 기업이 이슬람 문화권으로 진출할 때도 도움이 될 것'이라고 적극적으로 설명했다.

　"두 법을 비교하는 연구를 해도 될까요?"

　와합의 질문에 교수님은 웃으며 말씀하셨다.

　"왜 안 되나? 당연히 가능하지. 설령 이슬람을 알린다고 해도 그건 자네의 자유가 아닌가."

　뜻밖의 말씀에 와합은 눈만 끔뻑거렸다.

　'이슬람에 대한 이유 없는 편견이나 거부감이 없으신 분이

구나.'

마음이 따스해져 왔다. 면접을 마치고 나갈 때 교수님은 일어나서 문 밖까지 직접 배웅을 해 주셨다. 한동대 교수님 이후로 처음 느껴 본 따뜻한 환대였다.

신기하게도 동국대에서 일부 장학금을 받는 조건으로 입학이 허락된 것을 시작으로, 그동안 별다른 답이 없던 다른 대학교에서도 속속 연락이 오기 시작했다. 그뿐만 아니라 시리아에서 새 여권이 왔다. 비자 만료일 열흘을 앞두고 갑자기 문제들이 다 해결되었다. 일이 풀리지 않는다면 유학을 포기하고 시리아로 돌아갈 생각이었다. 가기 전에 틈틈이 여행이나 하며 한국에서 잠시 살아 본 경험에 만족하기로 마음을 비우고 있던 차였다.

갑자기 대학원 선택의 폭이 넓어졌지만 와합은 동국대 대학원에 입학하기로 마음을 먹었다. 그리고 정용상 교수님은 와합의 지도 교수님이 되셨다.

와합이 한국에 정착하기까지는 많은 이들의 도움이 있었다. 초기에 와합이 한국에서 생활할 수 있도록 경제적으로 도와준 친구들이 없었다면 와합은 시리아로 돌아갔을지도 모른다. 또 한때 갑자기 머물 곳이 없어진 와합을, 준비가 될 때까지 어머니와 살고 있는 집에서 지내게 해 준 형님도 있었다. 잘 아는 사이가 아니었음에도 말이다. 와합이 석사와 박사 학위를 마칠 때까지 조교 장학금을 받을 수 있게 도와주신 교수님도 있었다. 원래 조교를 두지 않았고 앞으로도 조교를 둘 생각이 없는 분이었는데, 학비 문제로 고민하던 와합을 조교로 삼아서 학업을 무사히 마칠 수 있게 해 주셨다.

한국 생활을 하며 와합은 종종 외할아버지의 가르침이 떠올랐다.

"사람들의 미소(친절함)로 판단하지 마라."

역사적 격변기에 집안이 몰락하는 과정에서 외할아버지 역시 온갖 인간 군상의 모습을 보고 경험했을 것이다. 친한 사이인데 혼란스러운 틈을 타서 속이고 빼앗는 이가 있었는가 하면, 전혀 가까운 사이가 아닌데도 분배받은 땅을 돌려주던 고마운 이도 있었다. 눈앞의 친밀함은 어려운 시기에 진실이 드러났다.

그리고 외할아버지의 말씀은 맞았다. 오히려 시리아에 있을 땐 그리 친하지 않았고 별 도움을 받은 적도 없었지만, 와합이 한국에 오자 열심히 도와준 친구들이 있었다. 또는 한국에서 처음 만났건만 대가 없이 와합을 도와준 이도 많았다. 반대로 시리아에서 와합에게 크게 도움을 받았거나 가까웠던 친구 중에는, 와합이 한국에 온 이후 무관심하거나 심지어 얼굴 한 번 보여 주지 않은 친구도 있었다.

운명적인 전화 한 통

2011년 1월, 와합은 한국에 온 후 처음으로 시리아의 고향을 방문했다. 그리고 그가 한국에 돌아오고 난 뒤에, 곧 시리아에서 민주화 시위가 일어났다.

2011년 8월쯤이었다. 와합은 다시 시리아에 가기로 마음을 먹었다. 시민들을 향한 정부의 악랄함이 점점 극으로 치닫고 있을 때였다. 아직은 정부군에 대항하는 반군들이 조직력을 갖추기 전이었고 시리아 상황은 너무도 비참해 보였다.

외국으로 유학을 나갔던 젊은이들이 시리아로 돌아오기 시작했다. 조국으로 돌아가서 시민들의 힘이 되고 싶었기 때문이다. 20대 피 끓는 와합도 조국의 비극을 가만히 보고만 있을 수는 없었다. 시리아로 돌아가야겠다고 마음을 먹었다.

당시 정부에 대항하는 민중의 시위가 곳곳에서 일어났다. 살벌한 정부군의 눈을 피해 인터넷으로 시위자를 모아 시위를 조직하고 직접 주도하는 일을 할 사람들이 필요했다. 와합은 외국에서 유학 중인 청년들과 인터넷으로 접선했다. 시리아로 돌아가 함께 민주화 운동을 하기로 약속했다. 이 일은 당연히 극비였고 당사자들 외에는 아무에게도 발설하지 않기로 했다. 와합은 가족을 비롯하여 누구에게도 말하지 않고 조용히 시리아행 비행기표를 끊었다.

인천 공항으로 가는 길. 갑자기 낯선 번호로 연락이 왔다. 아버지였다!

"지금 어디냐?"

와합이 찔끔하여 대답했다.

"네? 갑자기 어디냐고 물으시면……."

아버지는 말이 채 끝나기도 전에 다시 물으셨다.

"언제 시리아에 오냐?"

와합은 너무나 당황스러워서 순간 말을 더듬었다.

"네?! 아버지! 무, 무슨…… 말씀이세요."

아버지는 낮은 목소리로 말씀하셨다.

"오늘 비행기 타지 마라. 시리아에 오면 안 된다. 절대!"

와합은 어찌된 일인지 알 수 없는 이 상황이 놀랍고 당황스러웠다. 아버지는 세세한 설명이 없었다. 하지만 목소리에서 거부할 수 없는 단호함이 느껴졌다. 무언가 일이 잘못 돌아가고 있다!

영문도 모르고 아버지 말씀을 따라 터덜터덜 집으로 돌아왔다. 며칠 후, 아버지로부터 다시 전화가 왔다. 본가를 방문한 사우디아라비아에 사는 친척의 로밍 폰을 빌려 연락하셨다. 정부의 감시를 피하기 위해서였다. 아버지는 어떤 일이 있더라도 시리아에 돌아오지 말라고 하셨다. 그리고 당신이 직접 연락하여 오라고 하지 않는 이상은 누구의 말도 믿지 말라고 당부하셨다.

한참 시간이 흘러서야 와합은 일의 전말을 알게 되었다. 같이 만나 활동하기로 약속했던 유학생 중 가까운 프랑스에 있던 청년 두 명이 제일 먼저 시리아에 도착했다. 그런데 이들은 오자마자 공항에서 연행되었고, 다음 날 차가운 주검이 되어 가족의 집 앞에 쓰레기처럼 버려졌다. 그중 한 명은 와합의 친구였다. 무리 중 배신자가 있었는지, 그게 아니라면 비밀이 어떻게 새어 나간 것인지 지금까지도 알 수 없지만 정부는 이미 블랙리스트를 만들어 그들을 기다리고 있었다.

와합의 아버지는 낯선 번호로 전화를 받았다. 국가 안보부 고위 간부인 지인이었다. 그는 짧게 "와합이 시리아로 올 건데 내일 비행기 타지 말라고 해요"라고만 말하고 바로 전화를 끊어 버렸다. 전화번호는 그 지인의 번호가 아니었고 와합으로부터 시리아로 가겠다는 말도 들은 바가 전혀 없었다. 아버지는 이상하고 불안한 기분이 들었다. 그래서 일부러 다른 사람의 핸드폰을 이용하여 전화를 했고 마침 공항으로 이동하고 있던 와합이 받은 거였다.

후에 전해 들은 이야기로는, 아버지에게 정보를 준 지인은 막 근무지가 다마스쿠스 공항으로 바뀌어서 인수인계를 받던 중이었다고 한다. 그런데 우연히 블랙리스트에서 압둘와합이 라는 이름을 발견했다. 리스트에는 개인 정보와, 와합이 언제 한국에서 비행기를 타고, 어디를 경유하여, 몇 시에 다마스쿠스 공항에 도착한다는 일정이 다 기록되어 있었다. 그는 급히 공항 에서 지나가는 낯선 사람의 전화기를 빌려 와합 아버지에게 전 화를 걸었다. 그리고 짧은 한마디의 정보만 전해 주었다.

그야말로 와합에게는 '천운'이었다.

이제 시리아로 돌아갈 수도 없고, 돌아간다면 개죽음만 당 할 뿐이란 걸 알았다. 할 수 없이 와합은 생각을 바꿨다. 한국 에서 시리아의 비참한 상황을 세상에 알리고, 가능한 방법으로 시리아 내 민주화 운동가들을 지원하기로 마음먹었다. 부지런 히 SNS에 시리아에서 벌어지는 비인권적인 상황을 올리고, 시 위를 조직하는 사람들을 도와 인터넷으로 연락책 역할을 했다. 밤에 시리아 운동가들로부터 받은 자료를 정리하여 한국과 일 본 신문기자들에게 보냈다. 가족이 염려되어 자신의 이름을 기 사에 밝힐 수는 없었지만.

자료를 정리하고 SNS에 올라오는 영상과 뉴스를 보고 나면 잘 시간이 부족했다. 더구나 우울하고 분노가 차오르는 소식들뿐이니 잠도 오지 않았다. 그러나 낮에는 낮대로 할 일이 많았다. 수업을 듣고 공부도 해야 했고 틈틈이 일도 해야 했다. 개인적인 모임이나 활동에도 열심히 참석하다 보니 늘 하루가 정신없이 바빴다. 결국 나중에는 아예 잠을 잘 수가 없게 되어 병원에서 수면제 처방을 받기도 했다.

그래도 멈출 수는 없었다. 한국에 있는, 러시아와 중국 대사관 앞에 가서 시위를 했다. 러시아와 중국이 시리아 정부군을 지원하는 것을 규탄하기 위해서였다. 시리아 상황을 알릴 수 있는 자리면 다 참석해서 활동했다.

결국 2013년 6월, 점점 더 나쁜 쪽으로만 치달아 가는 시리아 상황을 지켜보다 못해, 와합은 시리아 난민들을 도울 '헬프 시리아'라는 구호 인권 단체를 지인들과 함께 창립했다.

헬프시리아가 출발하던 날

"언니, 오늘 어떻게 왔어요? 뭐 하는지 알고 있어요?"

건물로 들어가는 입구에서 와합의 가족 같은 친구 중 하나인 아미라와 마주쳤다. 아미라(아랍어명)는 아랍어 전공자로, 사피 웃딘처럼 시리아에서 어학연수를 할 때 와합을 만났다.

"아니, 잘 몰라. 오늘 시리아 돕기 단체를 창설하려 한다며. 그냥 오라고 해서 온 건데……."

미적거리며 답하는 나를 따라 아미라가 맞장구를 쳤다.

"저도요. 전 잘 모르고 사람이 너무 없으면 와합도 기운이 빠질 테니 그냥 참석만 하려고요."

"아유, 나도야. 내가 NGO 단체 일에 대해 아는 게 있나. 체력이나 시간도 없고. 그냥 머릿수나 채워 주려고. 후원 회원이나 해야지."

그때는 전혀 예상치 못했다. 우리 둘 다 향후 헬프시리아 활동에 열정을 쏟게 되리라고는.

처음에 와합은 사귓던 형님과 같이 '헬프시리아'라는 홈페이지를 만들었다. 그곳에 시리아의 상황을 간략히 설명하고, 도와 달라는 요청을 썼다. 또 많은 지인에게 이메일을 돌리고 홍보했다. 그러나 아마추어인 내 눈으로 봐도 그런 방법으로는 시리아 사람들을 제대로 돕기 힘들 것 같았다.

"와합, 이런 방법은 일회성으로는 어떨지 몰라도 지속적인 모금을 하기는 어려워. 사람들은 신뢰할 만한 곳에 돈을 내고 싶어 하니까. 네가 믿지 못할 사람이라는 뜻이 아니라, 이런 건 단체를 만들어서 해야지 사람들이 그나마 믿어 줘."

와합이 정말로 단체를 설립할 거라고는 생각하지 않았다. 내 생각에 구호 단체를 만든다는 건 아주 굉장한 일이었으니까.

그런데 와합에게서 시리아를 돕는 구호 인권 단체를 창립하려고 하니 와 달라는 연락이 왔다. '창립'이라는 거창한 단어에 조금 멈칫했지만, 그동안 해 온 말이 있어서 모임에 나갔다.

대략 30명가량 사람들이 모여 있었다. 와합의 지도 교수인 정용상 교수님 주재로 단체 설립을 위한 회의가 진행되었다. 시리아 문제에 관심이 있어서 온 사람들도 있어 보였고, 나처럼 친분 관계 때문에 온 사람들도 있어 보였다. 한 가지 공통점은 와합이 NGO 단체를 설립할 수 있도록 도와주신 서너 분을 제외하고서는, 대부분 나처럼 NGO 활동과는 전혀 무관한 사람이라는 점이었다.

그날 모임에 온 인원은 30명가량이었지만 실제적으로 활동을 할 사람이 거의 없었다. 어느 정도 예상은 하고 있었다. 후원이라면 모를까, 대부분 자신의 생업이 따로 있는데 모르는 분야인 NGO 단체를 운영하고 활동한다는 것이 결코 쉬운 일은 아닐 테니까. 그러다 보니 실망하고 우울해하는 와합을 외면할 수 없었던 가까운 친구와 지인, 대여섯 명이 졸지에 활동가가 되어 버렸다.

그랬다. 나의 경우는 솔직히 개인적인 친분 때문에 어쩔 수 없이 헬프시리아 활동을 시작하게 된 거였다. 부끄럽지만 특별히 인류애가 있거나 봉사 정신이 있어서가 아니었다. 그냥 내가 경험하지 못한, 그리고 절대 겪고 싶지 않은 불행한 일을 겪게 된 친구가 안쓰러웠다. 비참한 자신의 조국을 위해서 작은 일이라도 해 보려고 애를 쓰는 사람을 외면하기에는 단지 마음이 약했다.

고통받고 있는 시리아나 혹은 와합이 안타까웠던 사람들이, 뭐라도 한번 해 봐야겠다는 마음 하나만으로 무작정 시작한 활동이 헬프시리아였다. 가칭이었던 '헬프시리아'가 정식 명칭이 되고, 감사하게도 정용상 교수님께서 대표를 맡아 주셨다.

활동할 사람이 없다 보니 나와 아미라도 거창하게 운영 위원이라는 직함을 받게 되었다. 낯간지럽고 불편했다. 하지만, 뭐, 초창기니까. 지금은 사람이 없으니까. 1년 정도 활동하다 보면 회원도 늘어날 것이고, 전문적이며 일 자체에 열정을 가진 이들도 나타나겠지. 그때 자리를 넘겨주고 후원 회원으로 물러나면 될 거야.

완전한 오판이었다.

단체는 설립했지만 무엇을 해야 할지 막막했다. 이창수 선생님과 새사회연대 선생님들의 도움을 받아 캠페인부터 시작했다.

지금도 생생히 기억하는 첫 캠페인. 지금이야 디자인 관련 일을 하는 열성 회원 라일라(아랍어명)가 들어오면서 비품들이 세련되어졌지만, 그때는 다들 모여서 서툰 손으로 직접 만들었다. 사진과 글씨를 인쇄해서 일일이 오리고 색칠했다. 판에 붙여 피켓을 제작하고, A4 용지 상자에 둘러 모금함으로 사용했다.

수줍은 마음을 꼭꼭 누르며, 여름 햇살 아래 반나절을 시리아를 도와달라고 소리쳤다. 사람들은 대체로 무관심했다. 총모금액은 9만 원. 외양상으로만 보면 우리의 첫 캠페인은 다소 초라했을지도 모르겠다. 그러나 실망스럽지는 않았다. 내가 첫 담임을 했던 제자 지원이가 두말없이 동참해 준 것도 행복했고, 참여자들의 결속은 단단했다. 조급해하지 않기로 했다.

초기에는 그렇게 무작정 캠페인과 모금 활동만 했다. 전문성도 없고 재원도 없으니 할 수 있는 일이 당장은 그것밖에 없었다. 지인들을 중심으로 후원자 모집도 했지만 쉽지 않았다. 영세한 신생 단체라서 신뢰를 얻기 어려웠다. 자연스럽게 핵심 멤버들이 정기 후원자 겸 활동가가 되었다. 운영비까지도 사비로 부담했다. 다들 열성적이었다. 캠페인은 서울뿐만 아니라 인천, 부산, 경주에서도 이루어졌다. 기회가 닿는 대로 피켓과 모금함을 들고 나섰다. 행정적인 일에 재능이 없는 나는 주로 몸을 움직여 하는 일에 나름 열심히 참여했다.

그러나 시간이 흐르면서 첫 캠페인 때의 열정과 달리, 점점 기운이 빠졌다. 언제까지 캠페인만 하고 있을 것인가? 캠페인만으로는 별 성과가 없어 보였다. 힘만 들고, 홍보 효과나 모금 효과도 없어 보였다.

게다가 마음속에 계속되는 질문 하나가 나를 힘들게 했다.

사람들은 물었다. "왜 우리가 시리아를 도와야 해?"

한국에도 가난한 사람이 많고, 북한 어린이도 있는데. 또 아프리카 난민도 있는데 왜 시리아를 도와야 하느냐고. 심지어 무슬림 테러리스트들을 왜 도와야 하느냐며 노골적으로 공격하는 사람도 있었다.

안타깝게도 당시의 난 제대로 대답을 못 했다. 같은 내전의 아픔을 겪어 본 나라로서, 역사적으로 더 공감할 수 있지 않겠냐는 답변 정도만 간신히 했던 것 같다. 공격을 위한 질문은 무시한다 하더라도, 문제는 나 자신에게도 제대로 된 답을 할 수 없었다는 거였다.

나는 왜 시리아를 돕고 있는가? 한 번 가 본 적도 없고, 잘 알지도 못하는 나라를. 같은 인간으로서 그냥 도와야겠다는 생각이 들어서. 내 친구의 나라라서. 이 마음으로 돕고 있지만, 딱히 '왜'에 대한 속 시원한 답이 서지 않았다. 그러다 보니 괜히 위축되곤 했다. 내 생각이 정립되지 않으니 작은 공격에도 움츠러들었다.

또 한편으로 드는 생각. 다들 자기 먹고살기도 힘든데 모르는 먼 나라의 어려움에 관심이나 생길까? 사람들은 아무런 관심도 없는데 우리만 작은 목소리로 외친다고 별 뾰족한 수가 생기겠는가. 활동을 하고 있으면서도 이런 생각으로 마음 한편이 무거웠다.

하지만 사실은 그렇지 않았다. 무엇이라도 할 일이 생기면 무조건 달려가던 와합을 중심으로, 조금씩 조금씩 도움의 손길들이 모여들고 있었다. 단지, 그때는 그것이 내 눈에 보이지 않았을 뿐이다. 안타깝게도.

혁명에서 전쟁으로

★ 종교나 민족의 문제로 보지 말라

인터넷에서 시리아 혁명의 원인을 검색해 보면 많은 이야기가 나옵니다. 주로 종교 갈등, 한 종교 내 종파 갈등, 민족 싸움, 경제적인 이유 등이 원인으로 언급되지요. 이것들이 모두 틀린 이야기는 아니지만, 외국 전문가, 특히 서방 언론들이 애써 주목하지 않는 분야가 있습니다. 바로 정치입니다.

앞서 언급된 원인들이 시리아 혁명에 복합적으로 영향을 주고 있지만, 핵심은 정치입니다. 대다수 시리아 국민은 알아사드 독재 정권을 싫어하고 반대합니다. 정권을 교체하여 민주적인 방식으로 정의로운 정부를 세우고 싶다는 마음이 혁명의 출발점입니다.

한 예로, 현재 시리아 정부를 지지하는 사람 중에는 수니파·시아파를 모두 포함한 무슬림도 있고 다양한 종파의 기독교인도 있으며 그 외 다른 여러 민족 출신도 있습니다. 또 정권에 반대하는 사람들 역시 무슬림, 기독교인, 기타 민족 등 다양하게 구성되어 있습니다. 시리아 혁명을 단지 민족이나 종교 간의 갈등만으로 설명할 수 없는 이유입니다. 알아사드 독재 정권을 지지하느냐 반대하느냐 하는 것이야말로 문제의 핵심인데, 서구의 언론들은 늘 이 쟁점을 피하고 시리아 문제를 바라봅니다.

★ 시리아에 불어오는 민주주의 바람

2010년 튀니지에서 아랍의 민주화 운동인 '아랍의 봄'이 시작됐을 때, 이를 본 시리아 국민 역시 민주주의를 향한 희망을 되새겼습니다. 그리고 이를 위해 온·오프라인으로 각종 비공개 모임을 열었죠. 시리아 정부가 얼마나 야만적이고 억압적이며 권위적인 정권인지 알기 때문에 두렵고 불안했지만, 그럼에도 움직이기 시작한 겁니다.

튀니지의 대통령이 도망가고 이집트에서도 민주 시위가 일어났을 때, 시리아에서도 튀니지·이집트·예멘·리비아 시위자들을 응원하고 연대하는 시위가 여기저기에서 벌어집니다. 하지만 시리아 정부 요원들이 시위자 사이사이에서 감시하고 있었기 때문에, 대놓고 시리아 정부를 반대하는 구호는 외치지 못했죠.

시리아 정부는 시위 확산을 막기 위해 외국 언론과 인터넷을 차단하고, 사회 유명 인물들을 더 엄격하게 감시합니다. 예비군을 소집하고 은퇴한 비밀경찰 요원들까지 소집하죠.

그럼에도 아랍의 봄 확산과 함께 시리아 국민의 목소리도 높아집니다. 여기저기에서 정부의 정치 방식에 반대하는 시위가 시작되었죠. 하지만 이때까지만 해도 "알아사드는 물러나라"는 구호는 입 밖으로 꺼내지 못했습니다. 자유와 민주주의 보장, 부패 퇴치, 국가 발전 등에 대한 구호만을 외쳤을 뿐입니다.

경찰은 일반인처럼 옷을 입고 시위자인 양 시위대 안으로 들어와서는, 시리아 국기와 알아사드 대통령의 사진을 들고 알아사드를 지지하는 구호를 외치며 마치 이 시위가 정부를 지지하는 시위처럼 보이게끔 했습니다. 그러면서 동시에 시위자들을 체포했지요.

외국에 거주하는 시리아 사람들은 인터넷 모임을 주도하며 시리아의 현재 상황을 알려 나갔습니다. 시리아에도 민주주의 바람이

불고 있음을 널리 알리기 시작한 것이죠. 시위가 확산될 조짐이 보이자 시리아 정부는 이란 및 레바논 무장단체인 헤즈볼라에 도움을 청합니다. 이제 이란군과 헤즈볼라 대원까지 시리아로 들어와서 시위를 막기 시작한 거죠.

★ 점점 거세지는 국민들의 저항

2011년 2월 17일, 다마스쿠스의 전통 시장 수크 알하미디야에서 경찰이 한 상인을 심하게 구타하고 모욕한 일이 벌어졌습니다. 이미 분노가 높이 쌓여 있던 사람들은 이 일을 계기로 큰 시위를 벌였죠. 그날 "시리아 국민은 굴욕당하지 않는다"는 구호가 처음 만들어집니다.

이후 시위는 점점 커지고 전국적으로 퍼져 나가기 시작합니다. 시위가 점점 더 체계적으로 발전하면서, 시민들은 전국 동시 시위를 계획합니다. 3월 15일, 다마스쿠스를 비롯한 여러 지역에서 동시에 시위가 일어났고, 경찰은 시위자를 체포했습니다.

그 시점에 시리아 남부에 있는 도시 다라의 한 학교 담벼락에 중학생 한 명이 낙서를 합니다. 그 낙서의 내용은 당시 '아랍의 봄' 영향으로 위성 TV에서 자주 나오던, 혁명 구호가 포함된 노래 가사였죠. 경찰은 중학생 열여섯 명을 체포하고 이들을 심하게 고문합니다.

3월 18일 다라에서는, 많은 사람이 모이는 이슬람 예배 후 학생들의 석방을 요구하는 대규모 시위가 일어납니다. 이날은 경찰뿐만 아니라 처음으로 군대까지 시위 진압에 나섭니다. 군대는 시위대에 헬기 사격과 탱크 발포 등 과잉 대응으로 일관했습니다. 네 명

시민들은 장미꽃을 손에 들고 자유로운 시리아를 향한 시위를 벌였다.

이 사망하고 부상자는 수십 명이 발생했습니다. 바로 이날부터 "알 아사드 정권은 물러가라"라는 구호가 시작됩니다. 이후 매일매일 시위가 반복되고 사망자와 부상자도 속출했습니다. 알아사드 정 권의 퇴진을 요구하는 시위는 전국으로 확산될 수밖에 없었습니다.

시민들은 한 손에는 장미꽃을, 한 손에는 생수병을 들었습니다. 이를 군인들에게 건네며 "우리는 같은 시민이다, 함께 자유 시리아 를 만들자"고 외치면서 평화 시위를 했습니다.

민주화 운동을 막기 위해서 시리아 정부군은 여러 지역을 비행기 와 탱크를 동원하여 계속 무차별적으로 공격하고, 많은 학살을 저 질렀습니다. 남성의 수염을 손으로 뽑거나 태우고, 가족 앞에서 소 녀를 강간했으며, 부모 앞에서 칼로 아이들의 목을 베었습니다. 그 리고 공포감을 주고 국민들을 협박하기 위해 일부러 그 학살 장면을 촬영하여 배포했습니다.

★ 자유시리아군의 창설과 혁명 전쟁의 시작

시리아 언론은 정부가 테러 분자들과 싸우고 있다고 보도했습니다. 휴가 금지와 휴대폰 압수 등으로 제대로 된 뉴스를 접하지 못했던 군인들은 그 거짓말을 믿었습니다. 멀리서 탱크와 비행기 등으로 공격할 때는 몰랐지만, 군인들이 직접 그 지역에 진입해서 보면 테러 분자는 없었습니다. 자신들이 공격한 이들이 모두 평범한 시민임을 알게 된 군인들은 동요하기 시작하고, 그때부터 군대 내 혼란이 생기고 군대를 탈출하는 군인들이 생겨났습니다. 도망치는 군인은 잡히면 현장에서 처형되었고, 그렇게 또 많은 군인이 죽었습니다.

2011년 6월 10일, 후세인 하르무쉬 중령(Lt. Col. Hussein Harmoush)이 정부군에서 탈출하여 '자유 장교 운동(Free Officers Movement)'이라는 조직을 만듭니다. 뒤이어 시리아 정부군 소속 공군 대령이었던 리아드 알 아사드(Riad al-Assad)와 동료 일곱 명이 탈출해 7월 29일 '자유시리아군(Free Syrian Army)'을 만듭니다. 이 두 조직은 처음에는 정부를 상대로 전투를 하지는 않았습니다. 그저 많은 군인이 탈영하도록 돕는 역할만 했죠.

이후 앞의 두 조직은 연합하여 자유시리아군이라는 이름으로 활동하게 됩니다. 그러다 2011년 11월 16일, 자유시리아군이 첫 전투를 합니다. 이들은 정부군 병영에서 훔친 무기나 전투에서 얻은 무기로 싸웠습니다. 2012년 초 시리아 정부와 사이가 멀어진 터키·사우디아라비아·카타르가 자유시리아군을 지원하면서, 반군은 점차 체계적으로 활동하게 됩니다. 반군을 지원한 나라들이 효과적이거나 치명적인 무기를 공급한 것은 아닙니다. 딱 반군이 버틸 수 있는 정도로만 지원했죠. 부족한 지원에도 불구하고 자유시리아군은 2012년 말부터 2013년까지 승리를 거듭하여 시리아 면적의 90% 이상을 장악하는 데 성공합니다. 이제 다마스쿠스를 포위하고 대통령궁으로 진입하는 일만 남았는데, 그때 갑자기 지원국들의 지원이 끊깁니다. 지원국들은 이제 그만 철수하고 다마스쿠스로 진입하지 말라고 요구합니다.

★ 한참이 지나서야 움직이기 시작한 국제 사회

한편, 외국에 거주하는 시리아 사람들은 2011년 8월 23일, 터키 이스탄불에서 '시리아 국민 평의회(Syrian National Council)'라는 정치 조직을 창립합니다. 이후 여러 정치 조직이 생겨나면서, 2012년 11월 11일 카타르 수도 도하에서 모든 반정부 정치 조직이 모여 '시리아 혁명과 저항 세력 국민 연합(National Coalition for Syrian Revolutionary and Opposition Forces, NCSRO, 국민연합)'을 구성하기로 합의합니다. 걸프협력이사회(GCC)는 이 기구를 시리아 국민을 대표하는 합법 정부로 인정했으며, 아랍 연맹도 (레바논, 이라크, 알제리를 제외하고) 이들을 바로 인정합니다. 이어서 미국, 프랑스 등 많은 국가가 '국민연합'을 합법 정부로 인정합니다.

아랍 국가들을 포함한 국제 사회의 입장을 잠시 언급하자면, 레바논, 이라크, 알제리는 처음부터 알아사드 정부를 지지했습니다. 반면 다른 아랍 국가들은 정치적 균형과 복잡한 동맹 관계 속에서 뚜렷한 입장을 보이지 않았습니다. 그러다 2011년 8월 8일 사우디아라비아, 쿠웨이트, 바레인이 시리아에서 대사를 철수시키고, 8월 9일 그동안 침묵하고 있던 아랍 연맹이 시리아에 대한 첫 번째 성명을 발표합니다. 서방 국가들 역시 시리아 혁명이 발생한 지 5개월이나 지난 그때서야 시리아 정부의 만행을 적극적으로 비난하며 개혁을 촉구합니다. 아랍 연맹의 성명 발표 일주일 후 프랑스, 영국, 독일, 유럽연합, 캐나다, 미국은 동시에 알아사드 대통령은 정당성을 완전히 잃었고 즉시 사임해야 한다고 발표합니다. 러시아, 이란, 중국, 쿠바, 북한 등 몇몇 국가들은 알아사드 정부를 지지했고요.

★ 시리아 정부의 화학무기 사용과 자유시리아군의 분열

자유시리아군이 다마스쿠스 진입을 망설이고 있던 2013년 8월, 시리아 정부가 다마스쿠스 인근 민간인 거주 지역인 구타를 화학무기로 공격하는 일이 발생합니다. 국제법상 금지된 치명적인 무기를 사용한 것인데, 이로 인해 어린이와 여성을 포함한 1400명 이상이 사망하고 맙니다.

그런데 시리아 정부의 화학무기 사용을 계기로 전쟁의 양상이 바뀌어 버립니다. 국제법상 금지된 화학무기를 사용했음에도 국제 사회의 비판 여론이 거세지 않자, 시리아 정부는 이것을 국제 사회의 승인으로 해석하고, 점점 더 잔인한 방법으로 시민들을 공격합니다.

국민의 지지를 기반으로 한 자유시리아군은 조직적이고 충성스러우며 애국적이었습니다. 그러나 각 그룹별로 시리아의 상황과 미래를 판단하는 관점이 달랐고, 국제 개입에 대한 입장도 달랐습니다. 그렇다 보니 그 안에서 많은 세력으로 분산되고 맙니다. 지원국들은 자신이 통제하기가 쉬운 그룹만을 택하여 지원했고, 그 과정에서 시리아 국민이 지지하는 그룹은 배제되어 갔습니다. 결국 국민의 지지를 받지 못하는 기회주의적이고 부정한 이들만 지원받는 결과로 이어졌지요. 민주화와 자유를 꿈꿨던 순수하고 애국적인 사람들은 암살당하거나 지원국들의 입김에 의해 뒤로 밀려났습니다. 이제 순수한 혁명가들의 힘은 약해져 그들의 목소리가 잘 들리지 않게 되었지만, 그들은 여전히 정의롭게 시리아의 민주주의를 위해 노력하고 있습니다.

★ IS와 시리아 정부의 공생 관계

한편, 시리아 북부에 있는 도시 락까(Raqqah)에는 알아사드의 탄압을 피해 도망친 사람들이 몰려듭니다. 락까는 2013년 3월 시리아 정부군에서 벗어나게 되는데, 이후 몰려드는 실향민으로 락까의 인구는 단기간에 몇 배로 급증합니다. 그런데 정부군이 철수하면서 약품, 식량, 통신 등 생활에 필요한 기본적인 것들도 공급이 중단됩니다. 긴급한 인도적 지원이 필요했고, 여러 구호 기관과 단체가 터키를 통해 락까로 들어갔죠.

IS 같은, 외국인으로 구성된 극단적 테러 세력 역시 이 시기의 불안정한 상황을 이용하여 시리아로 침투합니다. 마치 구호 단체인 것처럼 들어와서 시민들을 도와주는 것으로 활동을 시작한 거죠. 이들은 정부군으로부터 시민을 보호하겠다는 명분으로 군사력도 키워갑니다. 바로 이런 활동이 IS가 이 지역을 차지하기 위한 전략이었던 것을 뒤늦게 알게 된 시리아 사람들은 충격에 빠집니다.

여기에서 짚어 보아야 할 것이 IS와 시리아 정부가 공생 관계에 있다는 사실입니다. IS는 결국 아랍 여러 나라의 독재 세력이 직·간접적으로 키운 세력이라고 할 수 있습니다. IS는 하나의 단일 이념으로 뭉친 조직이 아닙니다. 다양한 이해 관계자가 모인 단체죠. 독재로 피폐해진 사회 상황을 비집고 들어와 권력을 쟁취하려는 집단입니다. 한편, 독재 세력에게는 혁명의 의미를 훼손시킬 테러리스트가 필요했습니다. 그들은 "그것 봐, 민주화 운동을 한다더니 그들이 사실은 테러 분자였잖아"라고 말하고 싶었는데, IS가 딱 그 역할을 해 준 거죠. 또 독재 세력은 "IS 같은 존재를 막으려면 우리를 중심으로 뭉쳐야 해"라며 자신의 존재를 정당화시킵니다. IS와 같은 '야수'의 존재는 독재 세력에게는 꼭 필요한 요소였던 거죠. 이렇게 적대적 공생 관계에 있던 IS와 아랍의 독재 세력이 공유하는 것이 있습니다. 바로 '아랍의 봄을 원치 않는다'는 것이죠.

IS가 시리아 국민을 보호하겠다면서 나타났지만, IS가 벌인 대부분 전투는 정부군이 아닌 반군이나 쿠르드 민병대를 상대로 일어났습니다. 시리아 정부군도, IS와 반군 간 전투가 벌어지면 반군만 골라 폭격했습니다. 때때로 여기에 쿠르드 민병대까지 가세해서 1대 3의 전투를 벌이기도 했습니다. 2014~2015년 IS는 급속하게 성장하여 넓은 지역을 지배하게 되었고, 그곳에서 극악한 범죄를 저질렀습니다.

IS는 주민들이 통제 지역을 떠나지 못하도록 막았습니다. 신분증 성격의 서류를 압수했고, IS를 지지하지 않는 시민들의 경우엔 재산도 압수했습니다. 참수와 현장 처형 같은 잔인한 방법으로 주민들을 통제했습니다. 주민들은 처형 현장에 참석해 억지로 이 광경을 목격해야만 했습니다. 심지어 어린아이들까지도 모두 끌고

유프라테스강을 끼고 있는 와합의 고향 락까는 IS의 근거지가 되고 말았다.

나와 보게 했습니다. 여성은 두꺼운 검은 옷만 입게 하고, 남성은 IS 대원들과 같은 모습을 하게 합니다. 옷만 똑같이 입게 한 게 아니라 면도도 금지해 수염도 기르게 만듭니다. 겉모습만 보면 모든 주민이 IS 대원처럼 보이게 말이죠. 이런 상황에서 시민들끼리도 누가 진짜 IS 대원인지 알지 못했기 때문에 서로 경계할 수밖에 없었습니다.

　IS가 해 왔던 잔혹한 일들을 보면, 그들이 종교적인 것과는 거리가 멀다는 것을 알 수 있습니다. 그런데 아직까지도 IS를 소개할 때 '이슬람 수니파 무장 단체'라고 지칭하는 언론이 있습니다. 제 눈에는 단순한 실수가 아닌, 아랍과 이슬람을 폄훼하려는 의도가 숨은 표현으로 보입니다.

★ IS 제거 작전과 쿠르드 민병대

자유시리아군을 비롯한 시리아 반군은 힘을 모아 IS를 제거하고자 했습니다. 하지만 강대국들은 반군에 정부군과만 싸울 것을 요구 했습니다. 일부 반군이 이를 무시하고 IS와 싸우기 위해 락까로 향 했을 때, 미국이 주도한 연합군은 이들을 폭격합니다.

락까와 시리아 동부를 두고 강대국 간의 이해관계가 대립하면 서 이들의 의견 차이도 커졌습니다. 미국의 지시를 잘 따르는 쿠르 드 민병대는 보이지 않는 협상을 통해 IS를 공격할 수 있는 허락을 받아 IS와 전투를 시작했고, 이들을 제거합니다. 그런데 이 'IS 제 거' 과정이 투명하지 않았습니다. <락까의 더러운 거래(Raqqa's dirty secret)>라는 제목의 BBC 다큐멘터리와 많은 언론 기사들이 이를 폭로하고 있습니다. 그에 따르면 수백 명의 IS 대원과 그 가족이, 미국·영국의 연합군과 쿠르드 민병대의 보호 아래 락까를 빠져나 갔다는 겁니다.

시리아 안에 있는 다른 민족들이 그렇듯이, 쿠르드족 내에서도 정치적 의견이 상당히 다양합니다. 시리아 혁명에 적극적으로 참여 한 이들부터 시리아 정부군을 끝까지 지지한 세력까지 있을 정도입 니다. 그중에는 시리아의 불안한 상황을 이용해 쿠르드 국가를 세 워 독립하고자 하는 세력도 있습니다. 군사적인 힘으로 시리아에서 독립하려는 일부 세력(민병대들)은 미국과 서방국의 지원을 받아 락 까를 포함한 시리아 동북부에 나라를 세우려 하고 있습니다. 그 민 병대들은 IS와 똑같이 잔인하고 가혹한 방식으로 시리아 동북 지역 을 통제하고 있습니다. 주민들의 인권을 유린하고 소유물을 강탈 하고 살인을 저질렀습니다. 그리고 자신들에 반하는 모든 아랍 사 람을 쫓아냈습니다. 현재는 쿠르드 민족이 아닌 시리아 사람이 쿠르드 민병대 통제 지역을 방문하려면 보증인(통제 지역에 사는 사람)이 꼭 있어야 합니다. 점령 지역의 자체 비자를 만드는 중이라는 이야기도 있습니다.

민병대들은 국제 사회로부터 인정과 지원을 받기 위해 쿠르드족의 전통적인 모습과는 다른, 세속주의적이고 개방적인 모습을 선전하고 있습니다. 여성이 평등하고 자유롭게 생활하고 있는 모습을 보여주기 위해, 모든 행사와 활동에 여성의 참여를 강요합니다. 특히 전투를 주도하는 여전사의 모습을 퍼 나르면서 언론 플레이를 합니다. 아랍 문화와 시리아 문화에서 부정되던 술과 성매매 같은 것 역시 강제로 퍼트리고 있습니다. 시리아 사람들에게는 낯설기만 했던 인신매매와 마약 매매도 이제 락까 지역에서는 흔히 볼 수 있게 되었습니다.

주민들을 괴롭히고 인권을 유린하여 비판받고 있는 것은 쿠르드 민병대만은 아닙니다. 권력 남용과 부패가 심해 많은 문제를 일으켜 지지를 잃은 시리아 반군 세력도 있습니다.

★ 강대국의 이익과 시리아 국민의 고통

현재 시리아에 있는 세력들은 강대국의 이익에 따라 마치 도구처럼 움직이고 있는 경우가 많습니다. 다자간 전투가 벌어지고, 오늘의 친구가 내일의 적이 되고, 오늘의 적이 내일의 동맹이 되는 일이 비일비재합니다. 이 지독한 악순환이 오늘까지도 멈추지 않고 있습니다. 겉으로는 시리아가 한 나라처럼 보일지 모르지만, 현실은 강대국들이 통제하는 여러 지역으로 나뉘어 있습니다. 그 지역의 크기와 상황은 시리아 밖에 있는 강대국의 이해관계와 힘에 따라 계속 바뀌고 있고요.

시리아 전쟁이 끝나지 않는 것은 반군들이 서로 통합하지 못하고 있는 탓도 크지만, 국제 사회의 이해관계야말로 더욱 더 큰 영향을 미치고 있습니다. 이스라엘이 시리아 국민을 대표하는 민주적인 대통령보다 독재자 대통령이 자신에게 더 유리하다는 이유로 계속해서 알아사드를 몰래 지지해 온 것이 한 예입니다.

사우디아라비아는 알아사드와 반군 사이에서 여러 번 입장을 바꾸다가 현재는 알아사드와 가까워졌습니다. 처음에는 민주주의가 확산되어 아랍의 봄이 오는 것을 막기 위해 그동안 친하게 지내던 알아사드를 지지했습니다. 그런데 알아사드가 이란 품에 들어가고 국제 사회에서 정당성을 잃자, 알아사드를 반대하고 반군 손을 잡았습니다. 알아사드와 친하게 지내 왔던 터키 역시 전쟁 초기에는 알아사드를 지지하다가 반군 지원으로 입장을 바꾸었습니다. 사우디아라비아와 터키는 그렇게 함께 반군을 지원하다가 시리아에 대한 시각이 서로 달라지면서 갈등을 겪습니다. 이후, 사우디아라비아는 시리아 정책의 방향을 바꿔 반군에 대한 지원을 끊고 쿠르드 민병대 손을 잡습니다. 쿠르드 민병대가 터키나 반군과 사이가 안 좋았던 것도 한 배경일 겁니다. 그러다 사우디아라비아는 요새 다시 알아사드와 가까워지고 있습니다. 물론 그 밑에는 민주주의 확산, 즉 아랍의 봄에 대한 두려움이 깔려 있을 것이고요.

복잡하지요? 하지만 이게 끝이 아닙니다. 이제 미국·영국·러시아·프랑스·독일 같은 강대국의 입장을 살펴보겠습니다. 이들이 이렇게 심각한 시리아 전쟁을 그저 방치하고 있는 이유는 뭘까요? 간단히 말하면 시리아 재건 후 이권에 대한 교통정리가 끝나지 않았기 때문입니다. 전쟁이 끝난 이후 시리아를 분단시킬지 아닐지, 그리고 새로운 시리아에서 각국이 어떤 이익을 취해 갈 것인지와 같은 문제에 대한 강대국 사이의 합의가 이루어지지 않다 보니, 전쟁을 서둘러 끝낼 이유가 없는 것이죠. 시리아의 전쟁은 죄 없는 시리아 국민에게만 비극일 뿐, 시리아에 개입한 다른 모든 세력에게는 이익이 되고 있기에 끝도 없이 이어지고 있는 것입니다.

강대국들이 작은 나라의 무고한 사람들이 고통받고 있다는 사실에는 아랑곳하지 않고 자신들의 이익을 나눠 갖는 것에만 골몰하는 모습을 보면서, 쓰라린 마음으로 한 아랍 속담을 떠올립니다. "황소가 서로 충돌하면 풀이 죽는다."

순수하고 정의로운 목표를 위해 시작한 시리아 혁명이 '시리아 전쟁'으로 전환되었습니다. 그리고 전쟁이 장기화되면서 국제 대리전 양상을 띠기 시작했습니다. 각각의 국가나 정치 세력이 시리아 전쟁에 참여하는 명목상의 이유가 있겠지만, 실질적으로는 자신들의 외교·경제·군사적 이익을 얻고 지정학적 우위를 확보하고자 하는 목적과 이에 대한 치밀한 정치적 계산이 그 속에 숨어 있을 것입니다. 이런 정황을 고려할 때 지금 시리아에서 벌어지고 있는 전쟁을 단순히 '내전'으로 볼 수만은 없을 것 같습니다. 이를 내전이 아니라 '제3차 세계 대전'으로 보는 것이 지금의 상황에 대한 좀 더 정확한 진단이라고 생각합니다.

4장

헬프시리아가
선물한 날들

항상 켜져 있는 와합의 핸드폰

와합은 항상 핸드폰을 켜 두었다. 아무리 공식적인 자리나 어려운 자리라도 전화기를 꺼 두는 법이 없었다. 어쩔 때는 곤란했다. 영화관이나 뮤지컬 공연을 보러 갔을 때도 전화기는 켜져 있었다. 보다 못해 내가 대표로(?) 말했다.

"와합, 영화관이나 공연 중에는 전화기를 좀 꺼 두면 안 될까……? 무음으로 해 둬도, 어두운 데서 불이 반짝이니까 옆 사람이나 배우에게 폐가 되는 것 같아. 시리아에서 전화가 올까 봐 켜 두는 건 알겠는데…… 그때만 잠시 꺼 두면……?"

와합은 매우 난감한 표정을 지었다. 가족이 위험한 길을 가서 겨우 하는 전화라고, 전화를 놓치면 안 된다고 했다. 상황은 이해가 갔지만 나도 난감하긴 매한가지였다.

2011년 말부터 와합은 가족과 연락이 어려워지기 시작했다. 내가 와합을 처음 만난 2012년은 가족의 안전 때문에 와합이 가족에게 거의 연락을 못 하고 정부 비판 활동도 잠시 멈추고 있을 때였다. 락까에서는 정부군과 반군의 시가전이 치열했다.

대규모 민주화 시위가 시작된 2011년부터 정부 쪽 군인들은 와합에게 연락하여 회유하고 협박했다.

"네가 시리아 상황을 잘 몰라서 그러는 것 같은데, 상황을 알게 되면 네 스스로 입장을 바꾸게 될 거야. 가급적 빨리 시리아로 돌아와. 돌아오면 이 시위자들이 테러리스트란 걸 알게 될 테니까. 그러니 지금 하고 있는 일들을 멈추고 이성을 찾아."

그들은 외국에 나와 있는 와합에게, 아사드 대통령을 지지하는 입장을 밝히고 시위자들이 테러리스트라는 정치적 선전을 하라고 했다. 유학을 끝내고 돌아오면 좋은 위치를 제공하겠다고도 하고, 나중에 한국에 대사로 파견하겠다고도 하며 회유했다.

그러면서 와합이 한국에서 살고 있는 집 근처 호텔 이름, 심지어 자주 가는 식당에서 주로 먹는 메뉴까지 직접 언급하며 은근한 방법으로 협박도 했다. 마치 '네가 외국에 있어도 너는 우리 감시 아래 있으니 너를 해치려면 언제든지 가능하다'는 듯. 그뿐만 아니라 가족의 구체적 안부를 이야기하며 가족이 위험해질 수 있음을 은근히 비추며 압박해 왔다. 시리아에 있는 가족이 걱정된 와합은 말을 돌려 가며 대답을 슬슬 미뤘다.

가족은 가족대로 협박당하고 있었다. 정부군은 아버지에게, 그들이 말하는 정치적 선전을 와합에게 시키라고 계속 압력을 넣었다. 협박 초기에는 "집으로 전화할 때 안부 인사 외에 다른 이야기는 하지 말라"고 아버지가 와합에게 다른 경로로 연락하셨다. 그러다 상황이 심각해지자 나중에는 "집으로 아예 전화를 하지 말라"고 하셨다. 그리고 정부군이 찾아와 협박을 할 때마다 "와합과 요즘은 아예 연락을 못하고 있다"며 연결이 어려운 통신을 핑계 삼았다.

이런 세세한 사정을 몰랐던 나는, 와합이 암울한 시리아 상황으로 괴로워하면서도 매번 신나는 일들을 계속 SNS에 올리는 것이 이해가 안 갔다. 철없게 느껴지기도 했다. 그러나 여러 차례 했던 생일 파티 장면을 빠짐없이 다 올리고, 신나 보이는 경험들을 계속 올리는 이유. 모두 가족 때문이었다. SNS를 본 지인이나 친척이 와합의 가족에게 '아주 잘 살고 있으니 걱정 말라'고 알려 줄 수 있도록 더 열심히 올렸던 거다. 세월이 한참 흘러서 일의 전말을 들었을 땐, 참 미안했다.

2012년 후반, 와합은 다시 시리아 정부를 비판하는 활동을 시작했다. 강한 협박이 들어왔다. 하지만 이번에는 와합도 생각을 꺾지 않았다. 마침 다행스럽게도 와합의 동네가 반군의 영향권으로 들어갔다.

정부는 철수한 지역의 전기와 통신을 끊어 버렸다. 전기는

2~3주 정도 끊겼다가 한 번씩만 들어왔다. 정부의 관리 아래 사는 것이 얼마나 나은 것인지 느끼게 하려는 전략이었다. 폭격과 더불어 이런 식의 회유를 반복하며 정부는 시민들을 압박했다.

와합은 인근 지역에서 피란을 온 지인과 친척 30~40명이 본가에 머물고 있다고 했다. 그러더니 그 수가 점점 늘어서 나중에는 열 개 가족, 99명의 사람들이 함께 살고 있다고 했다. 잘 상상이 안 갔다. 이해도 안 갔다. 아무리 와합네 집이 크다고 해도 그게 가능할까? 더구나 전기도 거의 끊어진 상태인데? 와합은 임시로 전기를 공급할 수 있는 휴대용 발전기 같은 것을 계속 찾고 있었다. 구하기만 한다면 어떻게든 인편으로 가족에게 전하고 싶어서였다.

폭격은 점점 심해졌고, 전화는 여전히 하기 어려웠다. 어렵사리 전화를 한 아버지는 음식과 지낼 공간의 부족을 염려하며 안부를 묻는 와합에게 "그런 걱정은 하지 말고, 다만 우리가 폭격을 받지 않도록 기도해 달라"고 하셨다.

SNS에는 며칠 간격으로 시리아의 친척과 친구의 부고 소식이 올라왔다. 동네 사람이나 친척이 올린 것이었다. 그때마다 와합의 얼굴은 점차 초췌해졌다.

그러나 처음에는 와합의 슬픔에 적극 반응하던 친구들도, 또 나도, 계속해서 이어지는 사망 소식에 어느덧 무뎌지고 말았다.

와합은 외로웠을 것이다.

몇 년 전 《QUESTION》(2018 1·2월호/VOL14, 44쪽)이라는 잡지에 여러 장에 걸쳐 와합의 인터뷰가 실린 적이 있다. 그 인터뷰를 읽고 많이 미안하고 마음이 아팠다.

"세미나에 참석하거나 행사를 하면서도 전 핸드폰을 쥐고 있는 거예요. 한국 어른들을 만나도 눈치 없이 계속 핸드폰만 보는 거죠. 혹시나 연락이 올까, 연락이 왔을 때 못 받으면 안 되니까. 일일이 제 사정을 설명할 수도 없고. 그런 시간이 되게 많았죠."

가족이 와합에게 연락하기 위해서는 락까에서 차를 타고 그 때그때 통신이 가능한 지역으로 한 시간 넘게 가야 했다. 수시로 폭격이 있으므로 생명을 걸고 가는 길이다. 그러고 나서 통신이 이어지는 겨우 몇 분간의 통화를 한 뒤, 다시 위험한 길로 집에 돌아가야 했다.

가족의 생사가 염려되어 이제나저제나 와합은 전화를 기다리고 있었다. 온갖 위험을 무릅쓰고 하는 가족의 전화를 결코 놓쳐서는 안 됐다. 그러니 어떤 자리에서도 전화기를 끌 수가 없었다.

전반적인 상황을 알게 된 지금에 와서 돌이켜 보면, 전화기를 꺼 달라는 내 부탁은 참 매정한 말이었다. 와합은 처음에도,

비록 간단했지만 사정을 설명했다. 그러나 당시의 나는 머리로만 이해했을 뿐이었다. 이해한다고 했지만, 제대로 이해한 것이 아니었던 거다.

꿈에 그리던 가족과 만나다

시리아 민주화 시위가 일어난 지 4년째인 2014년 7월 말.

와합은 그토록 보고파 하던 가족과 다시 만났다. 그러나 그리운 고향에서의 만남은 아니었다. 무장 테러 조직인 IS가 그 해 6월, 이슬람국가 수립을 선포하고 락까를 수도로 삼았기 때문이다. 와합의 고향이 IS의 수도가 되어 버린 것이다.

와합은 한 해 전인 2013년 여름에도 다큐멘터리 촬영 팀과 락까를 방문하려고 했다. 당시는 정부군이 반군에 밀려 락까에서 철수를 한 시기였다. 터키에서 락까로 이어지는 길의 국경이 열려 있었다. 외신 기자들과 국제 구호 단체 활동가들이 이 경로를 이용하여 다른 지역으로 이동하곤 했다. 비록 정부군이 철수하면서 전기와 수도, 통신망을 다 끊어 버렸고, 정부군의 비행기 폭격이 계속되어 위험했지만 고향 방문이 가능해 보였다.

촬영 팀은 락까에 있는 큰 병원으로 가서 진료를 도와주고 실의에 빠진 시민들에게 공연으로 위로를 하는 내용을 다큐멘터리에 담고자 했다. 함께 약품을 준비하고, 와합 외에도 의사, 예술인 등으로 출연진을 꾸렸다.

오랜만에 가족과 만날 생각에 와합은 설레서 많은 선물을 준비하기 시작했다. 전쟁으로 물가가 치솟고 모든 물자가 귀했으므로 주로 생필품을 중심으로 구비했다. 가족 같은 친구들도 돌아가며 와합의 물품 구입을 도와주었다.

드디어 시리아로 출발하기 전날.

와합과 친구들이 무사 귀환을 바라며 환송회 저녁 식사를 하고 있을 때였다. 갑자기 시리아에서 전화가 왔다. 아버지는 촬영 팀과의 고향 방문을 취소하는 것이 좋겠다고 하셨다.

"얼마 전부터 군인들 사이에 무력 충돌이 일어나고 분위기가 심상치 않아. 특히 외국인(한국인)과 함께 오니 눈에 띄어 더 위험할 것 같구나."

순간 환송회 분위기는 차갑게 가라앉았다. 와합은 실망하다 못해서 절망했다. 몇 년 동안 매일같이 생사가 염려되던 가족, 그런데 연락도 제대로 할 수 없던 가족을 이제야 만나 보나 했는데 무산됐다. 그동안 열심히 준비해 온 촬영 팀에게는 무어라고 말해야 하나. 무엇보다 정부군의 공격에서 벗어나 이제 좀 나아지나 했던 락까의 상황이 다시 불안하다고 하니 무척 걱정이 되었다.

지금에 와서 보면 아버지의 판단은 매우 옳았다. 폭격의 위험을 무릅쓰고 어렵사리 했을, 연결되기 힘든 전화가 연결된 것도 다행이었다. 전화상에서 무력 충돌을 일으켰다는 집단이, 나중에 보니 세계를 경악하게 한 무장 테러 조직 IS였으니까.

와합의 말에 따르면 락까 시민들은 초기에는 IS를 이라크·미국·유럽 등지에서 자신들을 도와주러 온, 무슬림으로 이루어진 외국인 활동가들로 여겼다고 한다. 처음엔 규모도 작았고, 본색을 감추고 사람들에게 친절했다. 구호물자 등을 전달해 주었으므로 시민들은 IS를 고맙게 생각했다.

그런데 한두 달 만에 갑자기 인원이 급증했다. 인도적 차원만으로는 정부군을 상대하는 데 한계가 있으므로 군사적 도움을 주겠다고 했다. 군사력을 갖추기 시작하더니 어느 날 정부군이 아닌, 같은 편처럼 보이던 반군을 공격했다. 결국 반군을 몰아내고 락까를 장악했다.

환송회 식사 때 아버지가 말한 무력 충돌은 IS가 본색을 드러내고 반군을 공격한 첫 전투였다. 2013년 후반부터 IS의 외국인 피랍이 시작되었으니, 만약 와합이 이때 출연진과 함께 락까로 갔더라면 어떤 일이 벌어졌을지 알 수 없다.

1년이 지나, 이번에는 다른 출연진 없이 와합만 촬영 팀과 터키로 떠났다.

터키에 도착했지만 가족과 연락이 쉽지 않았다. 간신히 연락이 되었을 때 아버지는 짧은 통화로 "넌 절대 시리아로 오면 안 된다. 우리가 터키로 갈 거다"라고 하셨다. 가족이 터키로 온다는 것은 어떤 의미일까? 완전히 시리아를 탈출하여 터키로 오겠다는 뜻일까? 나를 만나러 잠시 나오겠다는 뜻일까? 그리고 언제 나온다는 걸까? 일단 와합은 터키에서 가족과 한 달간 머물 집을 빌렸다.

며칠 후. 더 이상 연락이 되지 않아 가족이 아직 락까에 있는 줄 알았는데, 갑자기 브로커에게서 연락이 왔다.

"가족이 지금 국경 바로 앞에 있는데 내일 터키로 갈 거요. 그런데 어디로 나가게 될지는 모르겠소"라는 말만 남기고 전화는 끊겼다.

다음 날. 시리아인들이 종종 들어온다는 버스 터미널에서 무작정 가족을 찾아 헤매는 사이, 연락이 왔다. 차를 빌려 몇 시간을 타고 매우 작은 시골 동네로 갔다.

멀리서 가족이 걸어오는 게 보였다. 조금의 실수에도 가차 없이 공개 참수하는 IS의 검문 앞에 쿵쿵 뛰는 심장을 누르며 온 길. 그렇게 수많은 IS 검문소에서 거짓 이유를 대며, 목숨을 걸고 와합을 만나러 온 가족이었다. 뜨거운 여름이건만 IS의 통제 탓에 어머니와 여동생들은 온몸과 눈까지 가리는 시커멓고 두꺼운 부르카를 둘러쓰고 와야 했다.

와합은 아버지의 두 손등과 볼에 온 마음을 담아 입을 맞추었다. 어머니를 끌어안으며 뺨에 입을 맞추었다. 가슴 저리도록 보고 싶던 가족. 행여나 다시는 못 보게 될까 봐 얼마나 두려워하며 서로를 그리워했던가. 눈에서 뜨거운 눈물이 흘러내렸다.

헬프시리아 채팅방에 알림음이 울렸다. 아무런 소식이 없어서 친구들이 가족의 안위를 염려하기 시작할 때쯤, 올라온 한 장의 사진.

나무 그늘 아래 열한 명의 가족이 다정히 앉아서 찍은 사진이었다. 싱싱한 초록빛을 가득 머금은 잎새처럼 가족의 모습도 눈부시게 빛나고 있었다.

전쟁의 한가운데로

와합은 친구들에게 시리아로 갈 수도 있다는 말을 하지 않았다. 친구들은 와합이 가족을 만나러 터키에 간다고만 알고 있었지, 시리아로 들어갈 것이라고는 전혀 예상하지 못했다.

그러나 와합은 2014년 8월 초 시리아를 방문했다. 그 내용을 담은 〈KBS 파노라마〉 '시리아, 압둘와합의 귀향'이 그해 10월 3일 방영되었다.

와합이 시리아에 들어갈 때만 해도 IS의 존재는 아직 국내 언론에 나오지 않았다. 그가 시리아에서 터키로 돌아온 직후부터, IS는 악명을 떨치기 시작했다. 그동안 납치했던 외국 기자들을 차례로 잔악무도하게 참수하고, 그 영상을 퍼뜨렸다. 세계는 경악했다. 시리아 문제에 조용하던 한국 언론도 앞다투어 보도했다. 8월 중순 이후로는 시리아를 모르는 사람들도 IS라는 이름에는 주목할 수밖에 없었다.

와합이 시리아에 있을 때 납치당할까 봐 걱정했던 무장 세력이, 다름 아닌 그 IS였다니. 덜덜 떨리는 심장을 붙잡아야 했다.

시리아 현지 상황을 서구적 관점에서만 보도하는 방송들을 보며, 와합은 늘 답답해했다. 시리아의 실상을 파악하고 제대로 알려 주고 싶었다.

와합의 시리아행을 두고 가족은 모두 말렸다. 와합도 깊이 고민했다. 자신의 죽음에 대한 두려움보다 앞선 것은 한국인 동행에 대한 책임감이었다. 같이 들어가는 한국인 촬영 팀이 시리아에서 다치거나 잘못되면? 더구나 그런 일이 벌어진다면 시리아는 한국인들에게 얼마나 공포스러운 나라, 나쁜 나라로 알려지고 인식이 될까. 그것도 무척 두려웠다.

그러나 와합은 아버지를 설득했다.

"한국인들도 시리아 실상을 알리기 위해서 저렇게 간다고 하는데 시리아인인 제가 가만히 있을 수 없잖아요. 아버지 허락해 주세요."

아버지는 가라고 직접 입으로 말씀하시지는 않았다. 그렇지만 와합은 아버지의 어쩔 수 없는 허락을 들은 것 같았다. 아버지의 눈 속에 깊은 슬픔이 어리는 것이 보였다.

시리아로 들어가는 길에선 누구도 믿을 수가 없었다. 안내자를 잘못 선택하는 순간 목숨을 잃는다. 와합은 안내와 보호를 부탁할 사람을 여럿 만났고, 가장 신뢰가 가는 그룹의 리더를 신중하게 선택했다.

드디어 시리아로 들어가는 전날 밤. 미처 직접 알리지도 못하고 출발지로 이동하게 된 와합은 전화로 가족에게 인사를 전했다. 한국의 친구들에게도 소식을 알렸다. 그리고 글을 작성하기 시작했다. 한국에 있는 통장과 물건 등 경제적인 부분들을 설명하고, 자세한 것은 사피윳딘과 의논하라고 했다. 형님에게는 출국 전에 통장과 인증서를 맡기며 미리 부탁을 해 놓았다. 이어서 지금까지 자신이 한국에서 했던 일들도 몇 시간에 걸쳐서 썼다.

아침이 되었다. 터키에서 시리아로 들어가는 검문소 앞. 와합은 칼릴과 사미르, 두 남동생에게 그 글을 핸드폰 메시지로 보냈다. 그리고 당부했다.

"이 메시지를 받고 무서워하지 마. 부모님께 보여 드리지도 말고. 만약을 위해 쓴 거야. 혹시나 내게 나쁜 일이 생기면, 그때 부모님께 보여 드려."

차를 타고 터키 국경을 통과할 때였다. 상반되는 두 감정이 솟구쳐 올랐다. 그리운 시리아로 들어간다는 가슴 떨리는 설렘, 그리고 시리아가 얼마나 변했을까 하는 두려움.

전쟁 후 시리아 안을 직접 눈으로 보는 것은 이번이 처음이었다. 뉴스에서 본 모습은 사실일까, 아님 더 비참한 모습일까.

터키 검문소를 넘자마자, 마치 그 두려움에 대답이라도 하듯이 건너편에서 폭탄 터지는 소리와 총소리가 들렸다. 두 나라의 국경 검문소 사이에 있는 2~3킬로미터의 중간 지대. 시리아 쪽에 가까워질수록 그 소리는 점점 더 귀에 또렷하게 꽂혀 들었다.

중간 지대의 절반을 넘어서자 완전히 다른 세상이 펼쳐졌다. 시리아로 들어가는 검문소 근처에 많은 사람이 몰려들어 북새통을 이루고 있었다. 방금 전 들린 폭격 소리 때문이었다. 전화로 가족의 안부를 묻는 사람, 소리를 지르는 사람, 와합 일행을 따라 빨리 안으로 들어가려는 사람들과 밖으로 빠져나가려는 사람들. 대혼잡의 소용돌이였다. 폭탄에 대한 두려움으로 사람들은 모두 정신이 없었다. 와합은 혼이 빠질 것 같았다.

여기가 가장 위험하다. 폭격의 위험, 차량 폭탄 테러의 위험, IS나 다른 무장 괴한들에게 납치를 당할 위험이 도사리고 있는 곳. 이미 몇 차례 차량 폭탄 테러가 일어났고, 바로 몇 달 전에도 있었다. 빨리 이 주변을 벗어나야 한다고들 했다. 1분도 더 머무르지 말라고도.

시리아로 들어가는 철문이 조금 열리자, 와합과 촬영 팀은 서둘러서 그 사이를 기어 통과했다. 준비된 차로 바로 달려 들어갔다. 와합이 앞좌석에 탔다. 납치의 표적이 되지 않도록 촬영 팀은 조금이라도 눈에 덜 띄는 뒷좌석에 탔다. 외국인임을 감추기 위해 모자를 눌러써 머리카락을 감추고 선글라스를 꼈다.

경호를 하는 군인은 와합에게 장총과 권총을 주며 총을 쏠 줄 아느냐고 물었다. "안다" 했다. 그러자 차 앞 선반을 열어 보라고 했다. 수류탄이 가득 차 있었다. 사용해 본 적이 있느냐는 물음에 "없다"고 하니 사용법을 알려 주었다. 그는 "어디에서나, 뭔가 느낌이 이상하다고 생각되면 망설이지 말고, 더 생각지도 말고 바로 수류탄을 던져 버려"라고 했다.

2~3킬로미터 구간을 두고 너무나 다른 세계가 맞닿아 있었다. 마치 꿈을 꾸는 것 같았다. 터키 국경까지 오는 길은 푸른 초원이 이어지는 평화로운 시골길이었다. 그 국경 근처에서 본 시리아인들은 웃기도 하고 편안해 보이는 표정을 하고 있었다. 그런데 불과 2~3킬로미터 떨어진 시리아 국경 안은 완전히 다른 풍경이었다. 사람들의 표정이 굳어 있었다. 웃음이라고는 없었다. 누가 군인인지 민간인인지 판별이 안 갈 만큼 다들 바짝 긴장한 모습.

'이게 전쟁의 모습이구나.'

와합은 일행을 보호하는 그룹의 리더인 야전 병원 의사를 만나려고 병원으로 향했다. 그러나 바로 직전, 근처 다른 병원이 폭격을 당했다. 그곳에서 이송된 환자들로 병원은 아수라장이었다. 와합이 국경을 통과할 때 들었던 폭탄 소리의 결과였다.

약이 없어 마취도 못한 상태에서 환자는 다리를 절단당했다. 끔찍한 비명과 울음소리가 병원을 가득 메웠다. 이 아비규환

속에서도 웃으며 이야기하는 사람이 있는 것을 보며 와합은 처음에는 어떤 미친놈인가 싶었지만, 나중에는 이해가 갔다. 이들에게 이런 참사는 이미 일상이 되어 버린 거였다. 기막힌 상황에 안쓰러우면서 슬펐다.

2011년 시리아를 떠나올 무렵. 막 시작될 비극을 앞두고 사회는 긴장된 모습이었지만, 그래도 와합에게 시리아는 아름다운 모습으로 남아 있었다.

그러나 이제 아름다운 시리아는 사라져 버렸다. 믿고 싶지가 않았다.

정부군은 일부러 병원을 집중적으로 폭격했다. 의료진을 죽여서 평범한 시민들의 치료를 막고, 극악의 상황으로 몰아가기 위해서였다. 다리를 절단당한 환자도 병원의 간호사였다. 다음 날 방문한 다른 병원의 환경도 마찬가지로 열악했다. 방공호를 파고 그 안에 병원을 감추어 겨우 남아 있던 그곳에서는, 의료 장비가 없어서 가정용 드릴을 이용하여 수술을 하고 있었다. 당연히 제대로 된 마취제와 진통제도 없었다.

병원을 나왔다. 전반적인 실상을 파악하기 위해서 보호 그룹의 안내를 받아 주변 지역을 둘러보았다. 무너져 잔재만 남은 잿빛 벽들과 벽에 난 총알의 흔적들, 불타고 있는 차, 폐허가 된 집들. 어떤 마을은 사람의 흔적조차 없이 괴괴한가 하면, 어떤 마을은 마치 전쟁이랑은 아무런 상관이 없는 듯 사람들이 다니고 일상생활이 펼쳐지기도 했다. 하루 동안 마치 여러 편의 영화를 보는 듯했다.

사흘째 되는 날, 와합이 구호물자를 난민 캠프로 보내고 있을 때였다. 리더인 의사로부터 전화가 왔다. 그는 다짜고짜 "시리아를 당장 떠나라"고 했다.

시리아에서 최소 열흘 이상은 있을 예정이었다. 아직 할 일도 남았고 촬영도 얼마 못했다. 와합은 의사와 실랑이를 벌였다. 하지만 그는 다른 설명 없이 협박하다시피 말했다.

"오늘 당장 떠나지 않으면 당신들은 눈물을 흘리며 크게 후회하게 될 거야. 우리는 오늘 이후로 당신들을 보호할 수 없어. 판단은 알아서 하시오. 생각할 여유는 없으니 한 시간 내로 짐을 싸서 나오시오."

당황스럽고 너무나 아쉬웠지만 안전 문제는 무엇보다 중요했다. 그의 말을 따를 수밖에.

그러나 그날은 국경을 빠져나가지 못했다. 출국에 실패하고 돌아오는 길에서야 이유를 들었다. 이 지역에 여러 외국인들이 들어왔다는 소문이 나서 IS 및 다른 무장 세력들이 외국인 찾기에 혈안이 되었고, 또 와합 일행의 존재도 노출되었다는 거였다. 게다가 현재 일행을 노리는 납치 세력이 근처에서 움직이고 있다는 정보도 들어왔다고 했다. 도와주는 입장에서는 경호에 한계를 느끼게 되었다.

그리고 훗날 알게 된 더 오싹한 사실. 둘째 날 와합과 촬영팀이 갔던 지역에서, 이탈리아 구호 요원 여성 두 명이 IS에게 피랍되었던 것이다! 그것도 와합 일행이 방문하기 바로 이틀 전에.

다음 날 겨우 국경을 통과했다. 터키로 나오자마자 와합은 가족과 한국의 친구들에게 메시지를 보냈다. 터키 사정을 알 수도 없는 상태에서 와합으로부터 수류탄을 들고 있는 사진, 무기와 음식이 함께 놓여 있는 사진들을 받으며 친구들은 내내 불안했다. 더구나 전날, 시리아를 빠져나오지 못하고 있다는 말에 거의 공포감을 느끼며 초조히 기다리고 있었다. 모두들 겨우 안도의 한숨을 내쉬었다.

그리고 와합이 집에 도착했을 때. 아버지는 와합을 바라보기만 하셨다. 한동안 자리에서 일어나지 못하셨다. 무사히 터키로 나왔다는 연락을 받은 후에야, 동생들은 부모님께 와합의 유서를 보여 드렸다. 여러 감정으로 흔들리는 아버지의 눈빛이 가슴을 파고들었다.

'내가 부모님께 큰 죄를 지었구나.'

처음으로, 시리아에 간 것이 후회되던 순간이었다.

촬영 팀이 먼저 돌아간 뒤, 와합은 가족과 꿈결 같은 열홀가량의 시간을 보냈다. 너무나 행복하고 즐거운 시간이었지만, 동시에 불안하고 무거운 시간이었다. 가족을 시리아로 돌려보내고 싶지 않았다. 그러나 IS가 집과 집안의 땅을 몰수하겠다고 협박하며 삼촌을 인질로 삼는 데에는 어쩔 도리가 없었다. 가족은 시리아로 돌아가서, 터키로 나간 것이 아니냐는 IS의 의심을 풀어 줘야 한다.

와합은 국경 게이트까지 가족을 배웅했다. 다들 눈물만 흘렸다. 와합도 가족도 모두, 어쩌면 이것이 마지막 만남일 수도 있겠다고 생각했다.

가족을 보내고 와합은 떨어지지 않는 발걸음으로 숙소로 돌아왔다. 한 달 동안 함께 지냈던 집을 정리하기 시작했다. 내일은 한국으로 돌아가야 한다.

꿈같던 행복한 시간은 이제 끝났다.

헬프시리아의 첫 구호 활동

와합이 한국으로 돌아오고, 다 같이 기다려 온 '시리아, 압둘 와합의 귀향'이 방영되던 날. 친구들 몇몇이 모여서 와합과 같이 TV를 보았다. 보는 내내 가슴을 졸이고 가족과 만나는 장면에서는 함께 눈물을 글썽거렸다.

그러다가 화면에서 사람들이 헬프시리아 로고가 붙은 식량 상자를 부지런히 들고 가고 있는 모습이 보였다. 헬프시리아가 행한 첫 난민 지원 활동이었다. 300 가정에 일주일 치 식량과 생필품이 지급되었다.

화면을 보면서 나는 벅차고도 미묘한 기분이 들었다. 우리가 그동안 모금한 돈이 난민들의 삶에 이렇게 직접 영향을 주고 있다니!

모을 때만 해도 막연했다. 과연 이 돈이 난민에게 제대로 도움이 되기는 할까? 어떤 식으로 난민을 돕게 될까?

400만 원밖에 되지 않는 돈이었지만, 그들의 생명과 바로 맞닿아 쓰이고 있었다. 우리가 보낸 돈은 비록 적지만 누군가의 삶을 지탱하는 일부가 된, 매우 귀한 돈이었다.

시리아에서 와합은 구호 활동을 실행하기 위해 난민 캠프들을 답사했다. 무너진 삶의 터전을 떠나 사람들이 정착한 난민촌의 환경은 비참했다. 겨우 바람을 막을 수 있는 텐트만 지급되었을 뿐 아무것도 없었다. 와합은 생각했다.

'시리아에 있었다면 나는 어떤 모습으로 살고 있었을까?'

구호 활동이 처음이라, 난민 캠프들을 답사하며 사람들에게 필요한 것이 무엇인지 묻기도 했다. 그리고 헬프시리아 성금으로 식량과 생필품을 샀다.

그런데 구호 물품을 전달하려는 과정에서 이상한 일이 생겼다. 세 군데의 캠프를 돌아보고, 제일 사정이 안 좋아 보이는 캠프를 지원하려고 할 때였다. 한 어르신이 나와서는 옆 동네에 있는 캠프가 많이 힘드니 그곳을 지원하라고 하셨다.

와합은 옆 동네 캠프를 찾아갔다. 그러자 그 캠프에서도 같은 이야기를 했다.

"더 어려운 캠프가 있어요. 우리보다 거기에 공급해 줘요. 그 캠프는 구호 물품을 받은 지 한참 지났어요. 수량이 한정되어 있다면 그곳에 먼저 주세요. 남는 게 있으면 그때 우리에게 나

뭐 줘요."

더 어렵다고 들은 세 번째 캠프를 방문했다. 그곳 역시 자신들은 아직 괜찮다며 더 힘든 캠프를 먼저 도와주라고 했다. 그런데 그들이 더 힘들다고 지목한 캠프는, 바로 와합이 제일 처음 지원하려고 했던 그 캠프였다. 그제야 와합은 깨달았다.

"다들 어렵고 힘들지만 서로 양보하는 거였어!"

머리를 한 대 맞은 것 같았다. 다들 굶주리고 있는 어려운 상황에서 어떻게 이럴 수가 있지?!

지원할 캠프를 정해 강하게 밀어붙이기로 했다. 와합은 첫 번째 캠프가 구호 물품을 마지막으로 지원받은 지 한 달이 넘었다는 사실을 알아냈다.

"이것은 한국에서 보낸 선물입니다. 더 이상 저를 괴롭히지 말고 협조해 주세요. 선물이니 우선 받으세요. 일단 받고, 덜 필요하면 필요한 사람에게 직접 나눠 주세요."

시리아 문화상 선물은 꼭 받아야 한다. 거절하면 예의에 어긋난다.

"후원자의 관심과 애정이 깃든 구호품이에요. 한국 사람들의 마음이 담겼어요. 차라리 고마운 마음을 표현해 주세요."

와합은 이렇게 외치며 구호 물품을 전달했다.

와합 역시도 다급한 마음에 무작정 단체를 만들어서 성금을 모았지만, 막상 어떤 일을 해야 할지, 어디에 사용해야 할지는 잘 몰랐던 것 같다. 한국으로 돌아와서 연 '시리아 방문 보고회' 때, 와합은 시리아의 실상을 직접 보고 오니 이제는 가야 할 길이 보인다고 했다. 그는 큰 NGO들이 놓친 지원, 헬프시리아 같이 작은 단체라서 가능한 지원을 찾아 해야겠다고 했다. 헬프시리아만이 할 수 있는 일, '지원의 사각지대를 찾아서 하는 지원'을 생각한 것이 이때부터인 것 같다.

몇 년의 시간이 흐른 뒤에 와합에게 물어본 적이 있다. 처음 시리아로 들어가서 처참한 실상을 보았을 때 어떤 기분이 들었냐고.

와합은 뉴스나 영상으로 봐서 시리아가 많이 파괴되었다는 것은 알고 있었으나, 실제로 보는 것은 완전히 다른 일이었다고 했다. 너무나 슬프고 분노가 치밀어 올랐다고. 그 전에도 아사드를 반대하고 그의 행태에 분노했지만, 실상을 보니 분노가 걷잡을 수 없이 치솟았다고 했다.

"그리고 사람들에게 미안했어요……."

잠시 말끝을 흐렸다. 그러더니 단호한 눈빛으로 말을 이어갔다.

"제가 시리아에 들어갈 때는 솔직히 죽음이 그렇게까지 두렵지는 않았어요. 그런데 시리아의 실상을 보고 나니, 꼭 살아서 시리아 밖으로 나와야겠다고 생각했어요. 꼭 살아 나와 이런 현실을 세상에 알려야겠다고, 그리고 시리아를 돕는 일에 최선을 다해야겠다고 결심했어요. 어떠한 반대가 있더라도, 어떤 비난을 받더라도."

그가 쓰는 신문 칼럼에 악성 댓글이 달리고, 공개된 그의 전화번호로 악의적인 문자가 와도, 친구들이 아무리 "지금은 조금 자제하라"고 말려도, 고집스러울 정도로 굽히지 않고 자신의 소신을 밝히던 모습이 그제야 이해가 되었다.

와합은 빚을 지고 사는 심정이었던 거다.

얘들아, 너희는 특별하단다

"너는 특별하단다!"

아이들의 즐거운 목소리가 밤하늘에 울려 퍼진다.

와합이 빔 프로젝트를 벽에 쏘아 아이들에게 동화책을 읽어 주는 모습이 TV 화면에 잡혔다. 〈KBS 파노라마〉 '시리아, 압둘와합의 귀향'에 나온 시리아의 둘째 날 저녁 난민 캠프 모습이다.

반가웠다. 나와 아미라가 와합을 도와 번역한 동화책이었다.

터키에 가기 전, PD님이 난민 캠프 아이들에게 읽어 줄 동화책을 번역하는 모습을 촬영하자고 했다. 가끔 와합이 TV에 나올 때 헬프시리아 회원들이 같이 나오기도 했으나 그동안 나와 아미라는 열심히 피했다. 하지만 이번에는 둘 다 용기를 냈다.

번역할 책을 골라 왔으면 좋겠다는 말에, 학교 도서관을 돌아다니며 두 권의 책을 뽑아 갔다. 《강아지똥》과《너는 특별하단다》였다.

자신이 아무런 쓸모없는 존재라며 슬퍼하던 강아지똥이, 민들레를 만나서 거름이 되고, 봄에 아름다운 꽃을 피워 내는 귀한 존재임을 알게 되는《강아지똥》.

아무런 재능을 갖지 못해서 슬퍼하던 나무 사람 웹믹. 그가 자신을 만든 창조자 목수 아저씨를 만나, 자신이 그 자체로 소중하고 특별한 존재임을 깨닫는 이야기《너는 특별하단다》.

두 책은 가슴에 큰 상처를 갖고 있는 난민 어린이들에게 작은 위로가 될 것 같았다. 너희들을 둘러싼 환경이 아무리 지옥 같고, 또 어떤 날은 너희들의 존재가 아주 하찮게 느껴지더라도, 너희는 존재 자체로 소중하고 특별하다고 위로해 주고 싶었다.

그날, 경복궁 근처에 있는 작은 카페. 우리 셋은 촬영 중이라는 것도 잊고 아주 신나게 번역을 했다. 비록 다큐멘터리에는 편집되어 나오지 않았지만.

나중에 와합이 알려 주었다. 동화책을 읽어 줄 테니 모이라는 말을 들었을 때부터 아이들은 신나 했고, 기대하는 눈빛으로 모여들었다. 구호 단체가 와서 구호물자를 주고 가는 일은 있었으나 아이들에게 무언가를 보여 준 일은 처음이었으므로. 한글과 아랍어로 쓴 글자에도 강한 호기심을 보였고, 와합에게 많은 질문을 던졌다고 한다. 한글 받침을 신기해하기도 하고,

아랍 문자와 달리 왼쪽에서 오른쪽으로 글을 읽어 간다는 것에
도 놀라워했다고.

　화면 속 아이들은 해맑게 웃었고 와합을 따라 소리를 지르기
도 했다. 따뜻한 기운이 가슴속에 퍼져 나갔다. 아주 작은 수고
를 했을 뿐인데 누군가는 저렇게 행복해하는구나. 그냥 그 아
이들에게 고마웠다.

삶은 지속된다

"삶은 지속된다……."

이 말은 다큐멘터리의 말미에 나와 여운을 준다. 와합은 강연을 할 때 종종 이 문장으로 강연을 마무리하기도 했다.

다큐멘터리의 끝 부분, 갑작스레 정부군 비행기가 나타난다. 폭격이 어디에 떨어질지 몰라서 무작정 긴급히 피신하는 사람들의 모습이 보인다. 당황한 촬영 팀의 마음을 대신하듯이 화면의 영상도 이리저리 흔들린다.

그런데 조금 후, 그 긴급한 상황 속에서도 아이들이 아이스크림을 사 먹고 있는 장면이 나온다. 이를 본 와합이 "삶은 지속된다. 누구도 막을 수 없다"라는 말을 하고, 다큐멘터리는 끝을 맺는다.

마지막 장면은 깊은 울림을 주었다. 언제 죽을지 모르는 상황, 어디가 안전한 곳인지 누구도 알 수 없고 그저 폭격이 나를 피해 가기만을 기도해야 하는 상황. 내가 저 상황에 있었다면 불안해서 금방이라도 미쳐 버렸을 것만 같은데, 생명의 힘이란 놀라운 거구나. 지옥 같은 환경이라도, 죽음이 코앞에 다가온 순간일지라도, 아이스크림이라는 작은 위로와 기쁨을 찾아 누릴 수 있을 만큼 우리의 삶에 대한 의지는 놀라운 거구나.

다큐의 마지막 장면은 인간 삶의 지속력과 생명력의 위대함을 그려 내고 있었다.

그리고 또 하나. 다큐에는 나오지 않았지만 이 상황들 뒤에 가슴 시리면서도 아름다운 이야기가 숨어 있었다.

와합과 촬영 팀이 폭격을 피해 어느 집의 벽 틈바구니에 몸을 숨기고 있을 때였다. 말이 집이지, 종이처럼 구겨져 이미 반쯤 무너져 내린 상태였다. 그런데 비행기가 지나간 후, 당연히 비어 있을 줄 알았던 무너진 집의 잔재 속에서 한 남성이 불쑥 나타났다. 놀랍게도, 집이 제 기능을 상실한 그곳에서 살아가고 있는 가족이 있었다.

그는 와합 일행에게 물과 간식을 내어 주었다. 와합이 물었다. "집이 거의 다 무너졌는데 너무 위험하지 않아요? 난민 캠프로 가거나 터키로 몸을 피해서 살다가, 다시 돌아오는 게 낫지 않을까요."

그러자 그는 "그렇게 살고 싶지 않다"고 답했다. 이곳을 떠나면 자신은 단지 '난민 1명'이라는 '숫자'로만 남게 된다고. 자신의 삶이 그리 기억되기를 원치 않는다고 했다. 그리고 이 집에는 그들이 살아온 역사와 추억이 있으므로, 만약 죽음이 닥쳐온다면 이곳에서 사랑하는 가족들과 끌어안고 죽음을 맞이할 거라 했다.

폐허가 된 집에서도 계속 자신의 삶을 묵묵히 이어 가는 사람.

그 모습은 와합의 뇌리에 깊이 각인되었다고 한다.

그리고 나는 전쟁의 참혹함 속에서도 끝까지 존재의 존엄성을 지키며 살아가려는 한 사람의 이야기에 가슴이 먹먹해지는 숭고함을 느꼈다.

"혹시 락까 사람 아닌가요?"

2014년 첫 구호 활동 이후로 헬프시리아는 활기를 띠기 시작했다.

그런데 여기서 한 가지 질문. 영세한 헬프시리아가 어떻게 초기에 매번 항공비를 부담할 수 있었을까? 설립 후 1년 동안 열심히 캠페인과 모금 활동으로 모은 성금은 1500만 원 정도였다. 귀한 성금을 비행기 값으로 다 쓸 수는 없는 일. 다행히도 방법이 있었다. 종종 시리아 난민 캠프를 대상으로 연구나 촬영 등을 원하는 단체가 있었는데, 와합이 이들을 따라가 길을 안내하고 일을 도와준 후에, 남아서 구호 활동을 하고 오곤 하는 식으로 말이다.

와합이 시리아를 다녀온 다음 해 1월. 유례없는 폭설로 레바논 캠프에서 난민들이 주거하던 천막이 무너지고 얼어 죽는 사람들이 생겨났다. 다들 안타까워하고 있는데 난민 캠프의 전반적인 상황을 촬영하고 싶어 한 단체가 나타났다. 그들을 따라 와합은 성금 500만 원가량을 들고 레바논에 있는 시리아 난민 캠프로 날아갔다.

와합은 지원이 닿지 않는 난민 캠프를 애써 찾아다녔다. 캠프마다 사정이 달라서 어떤 캠프에는 NGO 단체의 지원이 갔지만, 지원이 닿지 않는 작은 캠프들도 있었다. 와합은 그런 캠프를 찾아 헤매며, 가장 필요해 보이는 물품을 파악하여 땔감과 난방유, 식품 등을 지원했다.

그러다 어느 캠프에 도착했을 때였다. 짧은 겨울 해가 지고 어둠이 내려 있었다. 며칠 동안 쏟아지던 폭설은 멈췄지만, 눈 안개가 자욱하여 앞이 잘 보이지 않았다. 추웠다. 바닥은 진흙으로 범벅이 되어 걸어 다니기도 쉽지 않았다. 와합은 난민 캠프에서 살고 있는 사람들에게 필요한 것들을 물어보며 캠프 상황을 살펴보았다.

전날까지 폭설이 내렸다. 눈은 160센티미터 가까이 쌓였고, 캠프는 엉망이었다. 사람들은 겨우 바람을 가릴 천막 안에서 거주하고 있었다. 그것도 일부는 폭설로 무너져 있었다. 상하수도 시설이 미비하여 깨끗한 물을 마시거나 씻는 것은 거의 불가능했다. 와합은 돌아가서 이 캠프에 가장 시급해 보이는 식품들을 구입했다.

다음 날 오전, 식량 상자를 싣고 다시 난민 캠프로 갔다.

전날 밤과는 달리 날이 화창하게 개었다. 질척거리는 진흙탕과 너저분하게 쌓인 눈 위로도 따뜻한 햇살은 공평하게 쏟아지고 있었다. 오래간만에 맑은 날씨에 신이 난 아이들이 선명한 하늘을 등에 지고 뛰어놀고 있었다. 해맑은 웃음을 터뜨리는 얼굴 아래로, 발갛게 부은 발이 눈에 들어왔다. 맨발에 슬리퍼만 신고 있는 작은 발.

와합은 가슴이 아려 왔다. 부지런히 물품을 나르며 마음을 추슬렀다. 비록 적은 돈으로 마련한 물품이지만 조금이라도 온기를 느낄 사람들을 떠올리며 마음을 달랬다.

캠프 사람들이 물품을 나누는 모습을 지켜보고 있을 때였다. 한 젊은 여성과 아버지인 듯한 할아버지가 다가왔다. 얼굴을 보니 오전에 차를 주었던 여성이다. 여성은 전날 저녁에도 와합에게 어디에서 왔냐며 이름을 물었다. 와합은 그냥 한국에서 왔다고만 답했다. 오전에 차를 건넬 때는 한결 친근한 표정으로 다시 물어 왔다.

"혹시 락까 사람 아니에요?"

와합은 아니라고 했다.

구호 활동 일로 사람들에게 이름이 알려지길 원치 않았으므로, 와합은 난민 캠프에서는 구체적인 신원을 밝히지 않았다. 그리고 구호 물품을 직접 나눠 주는 일도 하지 않았다. 같은 시리아인인 자신이 직접 건네주면, 받는 사람들이 혹시나 자존심이 상하거나 부끄러움으로 마음이 다칠까 봐 조심스러웠기 때문이다.

할아버지는 와합에게 일이 끝나면 꼭 자신의 집에서 식사를 하고 가라고 했다. 곤란했다. 그러나 할아버지가 일이 끝날 때까지 곁을 지키고 계셨으므로 결국 그 집으로 갔다.

"어젯밤에 우리 딸이 자네를 보고선 낯이 익다고, 아무래도 예전에 우리 동네에 왔던 손님인 것 같다고 얘기를 했네. 우리 지역 말투를 쓴다고 했지. 난 락까 사람이 왜 한국인들과 여기에 오냐고, 말도 안 된다고 생각했지만 확인을 하러 갔었네. 그런데 어제는 자네가 너무 분주해 보여서 말을 걸 수가 없었어. 그래서 이렇게 기다렸다가 자네를 부른 거야."

그러면서 할아버지는, 와합 친할아버지의 이름을 말하며 아느냐고 물었다. 와합은 모른다고 했다. 그러자 외할아버지를, 나중에는 두 명의 고모 이름을 대며 아느냐고 물었다. 와합은 모두 모른다고 했다.

식사가 끝났다. 와합은 감사 인사를 전하며, 혹시 필요하신 것이 더 있거나 도와 드릴 일이 있는지 정중하게 물었다. 그러나 할아버지는 필요한 것이 없다고 했다.

작별 인사를 하고 자리를 뜨려던 와합은 다시 자리에 앉았다. 이대로 가기에는 마음이 편치 않았다. 와합은 할아버지를 보며 천천히 입을 열어 자신의 이름을 밝혔다.

"할아버지, 제 이름은 압둘와합 알무함마드 아가입니다. 그리고 조금 전에 물어보신 분들은 예상하신 대로 제 친할아버지와 외할아버지, 고모들이에요. 저는 한국에 공부하러 갔고, 지금은 시리아를 돕는 단체를 만들어서 이 일을 하고 있어요. 혹시 제가 신원을 밝혀서 우리가 친척임을 다른 사람들이 알면, 구호 물품을 나눌 때 괜히 오해를 받거나 이상한 말이 나올까 봐 조심스러웠어요. 또 레바논에는 시리아 정부의 영향력이 있으니 제 안전 문제도 생각해야 하고요. 그래서 계속 아니라고 했어요."

와합은 머뭇거리다가 다시 말을 이었다.

"하지만 무엇보다…… 이런 모습으로는 서로 만나고 싶지 않았어요……. 죄송하고 민망해서요. 죄송합니다."

할아버지는 와합의 동네에서 한참 떨어진 지역에 사는 친척으로, 할아버지의 형님이 그쪽 집안을 대표하는 분이었다. 와합의 집안에서는 고모 두 분이 그 집안과 혼인을 맺었다. 와합이 락까에 있던 시절, 아버지와 함께 집안 대표로 친척 대사에 참석하기 위해 그 동네를 방문했을 때 아마도 할아버지와 딸이 와합을 보았으리라. 와합은 집안 대표인 할아버지의 형님밖에 기억하지 못했다. 할아버지와 딸은 와합이 손님으로 왔으므로 알아봤던 것 같다.

속이 상하고 슬펐다. 그 할아버지네 가족은 동네에서 나름 잘사는 편이었는데, 이제는 난민이 되어 난민 캠프에서 이렇게 맞닥뜨리다니. 할아버지와 딸이 이 얄궂은 상황에 수치감을 느끼거나 마음에 상처를 입을까 봐 두려웠다. 그래서 끝까지 자신을 밝히고 싶지 않았다.

그러나 할아버지는 다 이해한다는 눈빛으로 와합을 바라보았다.

"나도 그 마음을 알 것 같구나."

모교 후배들과 함께한 캠페인

2015년 9월. 가족에게 안겨 배를 타고 지중해를 건너다 죽은 시리아 아이, 세 살배기 난민 아일란 쿠르디의 사진이 전 세계인의 마음을 움직였다. 쿠르디는 터키의 보드룸 해변에 떠밀려와 마치 잠든 것처럼 죽어 있었다.

한국 언론도 이 사건을 계기로 시리아와 난민 상황을 주의 깊게 다루기 시작했다. 그러다 보니 한국의 유일한 시리아 구호 인권 단체인 헬프시리아와 와합이 함께 언론의 관심을 받게 되었다. 신문사에서 인터뷰 요청이 계속 들어오고, TV 방송을 통해서도 헬프시리아의 존재가 알려졌다. 와합은 JTBC의 손석희 앵커가 진행하는 〈뉴스룸〉과 김구라 씨가 진행하는 〈썰전〉에 출연하고, 〈김어준의 파파이스〉에도 나갔다.

언론의 힘은 매우 컸다. 2년이 되어도 2000만 원 정도밖에 모이지 않았던 헬프시리아 모금 계좌로 두세 달 사이에 세 배가 넘는 모금액이 쏟아졌다. 멤버들 모두 갑작스러운 관심에 당황했다. 사실 조금 두렵기도 했다. 관심이 커진 만큼 그동안 종종 우리를 힘들게 했던 비난과 공격도 같이 커졌다.

두렵고 속상한 마음도 있었지만 기쁨이 더 컸다. "그동안은 이런 일들이 일어나고 있는지 몰랐다"고 하며 따뜻한 격려와 성금을 보내오는 이들이 더 많았기 때문이다. 심지어 "〈김어준의 파파이스〉에서 운영비가 없어서 멤버들이 자비를 쓴다는 얘기를 듣고 안타까웠다"며 운영비 계좌로 성금을 보내는 이들도 있었다.

어느 날이었다. 회의에서 보성여고 미술 선생님이 문의 전화를 하셨다는 이야기가 나왔다.

느닷없이 튀어나온 내 모교의 이름! 순간 귀가 쫑긋 섰다. 전화를 하신 분은 임 선생님이셨다. 옛 선생님의 성함을 듣는 순간, 그리움과 고교 시절 추억들이 퐁퐁 솟아났다. 임 선생님께 직접 미술을 배운 적은 없었다. 그러나 내 모교는 아침 기도회 시간이나 다른 일을 통해, 수업을 받지 않는 선생님과도 교류할 상황이 많았다. 선생님들이 참 좋으셔서 학생과 선생님 사이가 돈독했다.

임 선생님께서는 〈김어준의 파파이스〉를 보고 헬프시리아를 돕고 싶다는 생각을 하셨고, 미술반 학생들과 함께 캠페인 활동을 하면 어떻겠냐고 제안하셨다. 우리가 활동 장소와 날짜를 고민할 때, 파주의 한 행사에서 헬프시리아에 부스를 제공하겠다는 제의가 왔다. 거리가 꽤 멀었다. 학생들이 참여하기는 어렵지 않을까 했던 우려와 달리, 선생님과 학생들은 흔쾌히 동참 의사를 보내왔다.

화창한 가을날. 행사장에 들어서니 열정적으로 움직이고 있는 열다섯 명 정도의 소녀들과, 그 모습을 부지런히 사진으로 담고 있는 권산 사진작가의 모습이 보였다. 작가님은 내 오랜 지인 겸 와합의 가족 같은 친구다. 행사 때마다 누구보다 일찍 와서 사진을 찍고 일을 한다. 작가님이 나를 발견하고 웃으며 말했다.

"이야~ 네 후배님들 진짜 멋지다! 한두 번 해 본 솜씨가 아닌 것 같아."

학생들은 페이스 페인팅을 그려 주거나 헤나로 타투를 해 주고, 어린이에게는 풍선 아트 작품을 공짜로 나누어 주며 모금 활동을 하고 있었다. 아닌 게 아니라, 척 보기에도 능숙해 보였다. 나중에 우연히 인터넷 검색을 하다가, 미술반 학생들이 임 선생님의 지도 아래 마을 벽화 그리기 등으로 꾸준히 봉사해 온 내용이 실린 기사를 발견했다. 어쩐지!

임 선생님께 인사를 드리고 그리운 모교와 옛 선생님들의 안부를 여쭈었다. 선생님은 매우 반가워하셨다. 학교에서 동료 선생님들께 내 이야기를 했더니, 나를 아는 분이 많았다며 은

사님들의 안부를 전해 주셨다. 대학생 때도 갔었고, 교생 실습도 그곳에서 했으며, 교사가 된 후 4~5년까지는 방문했던 모교였는데. 너무 오랫동안 추억으로만 남겨 두었던 것 같다.

후배들 중에는 고교 때 내가 미술을 직접 배웠던 선생님의 딸이 있었다. 그리고 파주 행사에 초청해 주고 우리 활동을 열심히 도와주신 회원님과, 임 선생님은 알고 보니 중학교 선후배 사이셨다. 사람의 만남이란 늘 신비한 일이다. 무엇보다 임 선생님께서 방송을 보고 연락하신 헬프시리아에 내가 있지 않았는가.

오전 열 시 반부터 오후 세 시 반까지 학생들은 쉬지 않고 활동을 했다. 우리 부스가 행사장에서 가장 붐빈 것은 말할 것도 없었다. 첫 제자와 첫 캠페인을 했을 때도 감회가 깊었지만, 스승님, 후배들과 같이 한 캠페인은 더없이 즐거웠다.

열정적인 봉사 후에 뒷정리까지 멋들어지게 하고 가는 후배들의 모습이 자랑스러웠다. 무엇보다 이런 봉사를 찾아서 하시는 임 선생님이 존경스러웠다. 다시금 늘 하던 고민이 고개를 들었다.

'나도 교사인데…… 왜 나는 조용히, 개인적으로만 이 활동을 하고 있는 걸까? 교육적이고 좋은 활동이라면 임 선생님처럼 학생들에게 함께하자고 이끌어야 하지 않을까?'

그동안 와합을 학교로 초청하여 세계 시민 교육을 하는 선생님, 교수님 들도 많았다. 와합도 학교 강의라면 어떤 일보다 우선해서 가곤 했다. 그런데 이렇게 좋은 교육의 기회를 가까이 두고서도 나는 침묵하고 있었다. 아마 헬프시리아 활동을 내가 아닌 친구가 하고 있었더라면, 수업 시간에 예를 들거나 한 번쯤은 초청했을 거다. 하지만 내가 직접 활동하고 있으니 오히려 말이 안 나왔다. 그때부터였던 것 같다. 말로 할 수 없다면 글이라도 써서 알려야 하지 않을까 하는 생각이 든 것이.

헤어질 때. 고급스럽게 프린팅된 멋진 포스터까지 준비해 오신 선생님께서는, 종이를 오려 붙여 수작업한 우리 피켓들을 보며 안쓰러워하셨다. "도움이 필요하면 언제든지 연락하라"고 하셨다.

곧 정년 퇴임을 앞두고 있다고 덧붙이시던 스승의 모습은 아름다웠다. 비록 고교 시절 보았던 청년의 싱그러움은 이제 모습을 감췄지만, 멋진 삶을 살아오신 연륜이 그 자리를 대신하여 반짝이고 있었기에.

헬프시리아가 이루어 낸 기적

시간이 흐르면서 헬프시리아도 조금씩 성장했다. 와합을 중심으로 다양한 인맥이 만들어졌다. 단순한 거리 캠페인만 하던 처음과 달리, 활동의 형태가 다양해지고, 돕는 손길들에 의해 활동 규모도 점점 커졌다. 할 수 있는 일이 점차 늘어났다.

타 동호회 회원들과 함께 개인 소장품 및 재능 경매 행사를 열어서 모금을 하고, '시리아 난민을 돕는 철인 3종 경기'를 다른 단체들과 같이 주최하기도 했다. 음악가들과 협동해서 '크리스마스 자선 음악회'도 열었다. 시리아 다큐를 보여 주며 토크 콘서트를 여는 자체 행사도 했다. 헬프시리아가 작지만 끊임없이 시리아의 고통을 외치자, 마음이 울린 사람들과 그 힘이 모여들기 시작했던 거다.

헬프시리아는 그렇게 모인 힘으로 시리아 안에 있는 난민들,

정확히 말하면 시리아 국내 실향민을 돕는 일에 주력해 왔다. 첫 구호 활동 이후로 거의 해마다 1~2회씩 구호 물품을 보냈다. 시리아 안으로, 여의치 않을 때는 인접 국가에 있는 난민 캠프로.

2016년부터는 터키 국경을 통해 본격적으로 구호 물품을 시리아에 들여보냈다. 터키는 시리아 안으로 구호 물품의 민간 반입을 허락하는 인도적 게이트를 열어 주었다. 와합은 터키에서 일하고 있는 시리아 활동가들에게 조언을 받아서 일을 진행했다. 난민을 돕기 위해 시리아 안이나 터키 국경 근처에서 구호 활동을 하는 시리아인들을 와합은 '시리아 활동가'라고 불렀다. 처음에 이들은 같은 나라 사람인 이웃들이 안타까워서, 본인도 어려운 사정이지만 아무런 보수 없이 자발적이고 개별적으로 구호 활동을 시작했다. 그러다가 나중에는 서로 네트워크를 이루고 외부에서 지원도 받아 활동을 하고 있었다.

와합은 좋은 품질의 물품을 저렴하게 살 수 있는 터키 업체를 매번 찾아 나섰다. 그렇게 마련한 물품들로 식량 상자를 만든 후에 컨테이너에 실어 시리아 안으로 들여보냈다. 말은 간단하지만 현실은 어렵고 까다로웠다. 그리고 이 일은 전적으로 와합이 담당할 수밖에 없었다. 우선 언제, 어떻게, 누구를 통해 난민들에게 전달할 것인가에 대한 신중한 사전 조사와 세부적인 정보가 필요했다. 또 정보를 받아 계획을 세웠더라도 시리아 내부는 수시로 전선이 바뀌는 곳이었다. 변수가 너무 많았고 순간적인 대응력이 필요한 일이었다.

계획했던 국경 게이트가 비행기 공습으로 폐쇄되어 급하게 다른 게이트를 찾기도 했다. 안전 문제나 터키 행정 절차상의 문제로 트럭이 게이트에서 기약 없이 대기하기도 했다. 국경을 넘어 들어간다 해도 언제든지 트럭이 폭격을 맞을 수도 있었다. 만약의 상황에 대비하며 항상 마음을 졸여야 했다.

한번은 물품을 사서 보낸 지 한 달 반이 넘어서야 겨우 난민들에게 구호 물품이 도착한 적이 있었다. 와합은 한국에 돌아오지도 못하고 매일 밤 잠을 설쳤다. 애태우며 기다릴 수밖에 없었다.

신변의 안전도 장담할 수 없었다. 몇 년 전에는 와합이 국경 근처에 체류하는데, 바로 인근에서 차량 폭탄 테러가 일어났다. 20여 명의 사상자가 발생했다. 와합이 활동하는 가지안테프(Gaziantep)나 킬리스(Kilis)는 모두 위험 지역으로, 여행 경보상 거의 늘 철수 권고가 뜨는 지역이다.

와합이 터키에 가는 데 필요한 일을 준비하거나 홍보하는 일은 우리가 해도, 현장 활동은 와합을 대신할 사람이 없었다. 그러다 보니 와합의 개인 생활은 흐트러져 버리기 일쑤였다. 구호 활동을 해외로 갔다 오면 최소 한 달 반가량은 한국에서의 생활이 멈춰 버렸다. 그럼에도 와합은 늘 1순위에 헬프시리아 활동을 두었다. 사실, 현지 정보를 바탕으로 도움받기 어려운 지역을 골라서, 시리아 내부로 물품을 보내는 일은 한국의 다른 단체에서는 하기 어려운 일이었다. 그러니 와합도 멈출 수 없었을 것이다.

2019년. 헬프시리아는 난민 어린이들을 위한 학교를 세웠다. 시리아 쿠브리 지역 난민촌 근처에 개교한 이끄라 초등학교. 900여 명 정도의 학생을 수용할 수 있는 규모였다.

처음으로 기업 후원도 받았다. '러쉬 코리아'는 영세한 우리 단체에 별다른 조건이나 까다로운 양식 없이 후원금을 쾌척했다. 고마운 후원금으로 학교의 책걸상과 기자재를 채워 넣었다. 이제 550여 명의 어린 학생들이 이 학교에서 교육을 받게 되었다.

난민 캠프에서 태어난 아이들은 캠프 밖의 세상을 전혀 모른다고 한다. 심지어 얼룩말, 사슴 같은 동물이나 작은 곤충들도 모를 만큼 기초적인 지식이 없기도 했다. 본 적이 없으니까. 들려오는 이야기라곤 온통 전쟁에 대한 것뿐이다. 그들에게는 캠프 안이 세상의 전부다. 그러나 이제 이 아이들에게 '미래'라는 작은 희망이 생겼다.

그해 8월, 와합이 터키에서 시리아 학교의 개교식 사진과 영상을 보내왔다. 벽면에는 커다랗게 헬프시리아 로고가 붙어 있었다. 그리고 학교 입구에는 한국어와 아랍어로 쓴 기념비가 있었다.

"이끄라 초등학교는 한국에서 시리아의 평화를 염원하는 마음을 모아 만든 학교입니다."

개교식이라고 풍선을 들고 올망졸망 모여 있는 아이들이 보였다. 세상이 투명하게 비치는 커다란 눈동자들. 햇살 같은 환한 웃음. 순간 눈물이 찔끔 났다.

어린 시절 내 소망 중 하나는 학교를 세우는 거였다. 그게 얼마나 거창한 일인지도 모르고 그때는 그냥 막연히 꿈을 꿨다. 안 되면 장학 재단이라도 만들고 싶다고. 그런데 한동안 까맣게 잊고 있던 그 꿈이 정말로 이루어졌다! 가끔 꿈은 예상치 못한 곳에서 이루어지기도 한다.

헬프시리아를 시작할 때, 학교 설립을 생각이나 할 수 있었던가. 나름 열심히 활동에 참여하면서도 나는 회의적이었다. 특히 초기에는. 단체를 만들었지만 과연 이 작고 비전문적인 단체로 무슨 일을 할 수 있을까 싶었다. 회의 때면 와합과 의견 다툼도 종종 있었고, 친구인 내가 더 발목을 잡았던 때도 있었다. 또 헬프시리아가 내게 심한 스트레스의 원인이었던 적도 있었다.

나뿐만 아니라 열정적이던 멤버들 역시 지쳐서 잠시 멈추기도 했다. 그러나 다른 이들이 지쳐서 활동에 빠지더라도 와합은 멈추지 않았다. 활동을 할 수 있는 곳이면 혼자서라도 갔다.

그래도 그렇게 우왕좌왕하며, 어설프게라도 8년 가까이 활동을 지속하는 사이에 내 생각의 깊이도 바뀌어 갔다. 초창기

스스로를 괴롭히던 질문의 답도 이제 찾았다. '왜 우리가 시리아를 도와야 하는가'라는 질문을 지금 다시 받는다면?

우리나라가 과거 국제 사회로부터 받은 큰 도움들, 시리아 역시 우리를 도왔던 나라라는 것, 한국의 세계적 위상에 걸맞은 의무 등, 예전보다 다양한 이유를 댈 수도 있을 것이다.

그러나 이젠, 단 한마디로 "그냥 당신의 마음이 가는 곳을 도우면 된다"고 대답할 거다.

가난한 이웃이 안타깝다면 그 이웃을, 북한 어린이에게 마음이 간다면 북한 어린이를, 아프리카 난민에게 마음이 쓰인다면 그들을 도우면 된다. 우리가 모든 곳에 다 관심을 쏟으며 살기는 힘들 테니까. 자신의 마음이 기우는 곳을 돕고 그곳의 어려움을 알리며 함께하기를 주변에 권하다 보면, 처음에는 아주 미약한 것 같지만 같은 뜻을 가진 사람들이 점점 모여든다. 그리고 나중에는 함께 큰일도 할 수 있게 된다. 그러는 사이에 아마, 기울었던 그 마음은 어느덧 다른 존재와 영역으로까지 확장되어 있을 것이다.

와합을 통해 나도 크게 배웠다. 묵묵히 지치지 않고 한길을 걸어가는 사람이 이루어 내는 결과들을 보면서.

다만, 와합 개인을 생각하면 안타깝기도 하다. 와합의 한국 유학 초기를 가끔 지인들과 회상할 때가 있다. 낯선 문화권에서 온 유학생의 모습으로 대표되어 여러 모임에 초대되어 가던 와합. 한국 말도 워낙 잘하고 재기발랄하여 매스컴에도 이따금 비춰졌다. 외국인을 대상으로 한 예능 프로그램들에서 섭외가 들어오기도 했다. 본인의 개인적인 삶을 우선으로 했더라면 더 편안하게 살았을 텐데.

다양하던 인간관계는 난민 관련 일을 하면서 난민 돕기와 연관된 사람들로 편중되었다. 그뿐만 아니라 지인 중에 난민에 대한 생각이 달라 거리가 멀어진 사람도 생겼다. 심지어 비난하는 사람들까지 생겼다. 신문에 칼럼도 몇 년씩 쓰고 종종 인터뷰 대상이 되었지만, 모두 난민 관련 일이다. 삶이 바뀌었다. 더 바빠졌지만 개인적인 상황은 더 어려워졌다.

더 안타깝고 슬픈 사실은, 오랜 전쟁으로 국제 사회에서 시리아에 대한 관심이 점차 시들어 가고 있다는 점이다. 우리도 처음 헬프시리아를 설립할 때에는 몇 년 지나지 않아 금방 해산할 거라고 생각했다. 누구도 시리아의 비극이 이렇게까지 길어지리라고는 예상치 못했으므로.

무엇보다 국제 구호의 손길이 눈에 띄게 줄어들었다. 시리아의 상황은 더더욱 악화되어 가는데 시리아는 사람들에게 점점 잊히고 있다. 이러다가 우리 사회에서도 시리아를 향한 와합의 외침이 점점 외로워지는 건 아닐까.

시리아 사람들은 왜 난민이 될 수밖에 없었는가

★ 더 이상 사람이 살 수 없는 시리아

발발한 지 10년이 된 시리아 전쟁의 피해자는 시리아 민간인들입니다. 이들의 하루는 지옥의 1년처럼 깁니다. 시리아 정부군은 고의적으로 학교, 병원 같은 공공시설을 먼저 폭격했습니다. 국민을 괴롭히고 압박하려고 수도·전기·통신 같은 기본적인 공공 서비스를 중지했습니다. 어린이들은 공부할 수 없고, 환자들은 진료받을 수 없으며, 물품이 거의 사라진 시장에서 물건 가격은 수십 배로 올랐습니다. 그리고 마지막으로 민간인 거주지의 주택들을 폭격했고, 시체들은 잔해 속에 갇혔습니다.

시리아 정부는 기아를 '전쟁 무기'로 이용하여 전쟁 범죄를 저질렀습니다. 주민들이 굶어 죽거나 항복하게 만들려고 여러 지역을 장기간 포위·봉쇄하고 보급을 차단했습니다. 주민들은 극심한 물자 부족과 무장 공격에 시달렸습니다. 수십 개의 지역이 몇 개월에서부터 몇 년까지 봉쇄되었습니다. 언론에 알려진 대표적인 지역만 해도 다라야, 마다야, 야르무크 캠프 등이 있습니다.

시리아 수도 다마스쿠스에서 7킬로미터가량 떨어진 다라야. 25만 명이 넘던 이 지역의 인구는 4년 반의 봉쇄 기간을 거치면서 반군 2000명과 주민 1만 명 정도로 줄었습니다. 주민들은 봉쇄 전에 도망치거나 봉쇄 기간 중에 사망했습니다. 그리고 지금은 이곳에 아무도 살지 않습니다. 남아 있던 주민들은 모두 이들리브로 강제 이주당했습니다. 봉쇄 기간 동안 거의 매일같이 이어지는 정부군의 폭격과 식량·물·전기 등의 부족으로 최악의 위기 상황으로 내몰렸습니다. 눈에 보이는 병원은 모두 폭격당하니 지하에 비밀 동굴을 파고 그 안에서 병원을 운영할 정도로 현지 상황은 끔찍했습니다.

'출구 없는 지옥'이라고 불렸던 마다야는 다마스쿠스에서 24킬로미터 떨어진 지역으로, 4만여 명이 1년 동안 봉쇄당했습니다. 마다야는 초여름까지도 눈으로 덮이는 산악 지역입니다. 몹시도 추웠던 그 겨울에는 난방을 할 수 없어서 사람들이 얼어 죽기도 했습니다.

봉쇄로 인해 '귀신의 지역'이라고 불렸던, 다마스쿠스의 한 동네인 야르무크 캠프에는 약 50만 명의 시리아인과 팔레스타인인이 살았습니다. 폭격에 많은 사람이 탈출했지만, 야르무크 캠프에 남아 있던 약 2만 명은 1년 반가량 봉쇄되었습니다.

봉쇄된 수십 개 지역의 주민들은 먹을 것이 없어서 풀로 죽을 끓여 먹고, 고양이와 개를 잡아먹거나 동물 사료를 먹으며 장기간 버텨온 것으로 알려졌습니다. 젖먹이 아기와 어린이도 예외없이 말이죠. 그 지역에서 아이 분유 가격은 한 통에 150달러, 쌀은 1킬로그램당 100달러까지 치솟았습니다. 영양실조에 시달리고 뼈만 앙상하게 남은 아이와 어른 들은, 얼굴이 너무 심하게 변하여 서로를 알아볼 수 없을 정도였습니다. 반군과 정부군 간의 정치적 협상, 국제 사회의 압력 등 여러 노력으로 봉쇄는 풀렸지만, 주민들은 눈물 흘리며 자신들의 마을을 떠나 강제로 이들리브로 이주해야 했습니다.

시리아 주민들은 더 안전한 곳을 찾아 탈출하고, 잠시 거주하다가 상황이 악화되어 또 다른 지역으로 탈출하는 일을 반복해야 했습니다. 주민들이 끝까지 버티려고 노력해도 사람이 살 수 없는 도시가 되어 남아 있을 수가 없었습니다.

또한 정부가 통제하지 않는 지역에 사는 주민들이 서류 발급이나 진료 등의 이유로 정부 통제 지역(주로 다마스쿠스)으로 갈 때도 문제였습니다. 테러 집단에 합류한 것 아니냐며 체포되어 엄청난 돈을 요구당하곤 합니다. 남성뿐만 아니라 아동과 여성도 잡아가서, 현재 약 30만 명이 시리아 정부 고문소에 갇혀 있습니다. 이에 포함되지 않는 실종자도 많습니다. 체포된 순간부터 심문을 받고, 매뉴얼에 따른 의도적이고 체계적인 고문을 받습니다. 전기 충격, 성폭행, 강간을 당하거나, 손톱·발톱을 뽑히거나, 끓는 물에 화상을 당하거나, 담뱃불에 지져지기도 합니다. 최소 10만 명의 사람들이 고문소의 열악한 환경에서 고문이나 기아 등에 시달리다가 숨졌습니다.

2011년부터 2013년까지 고문소에서 숨진 수감자들의 시신을 사진으로 문서화하는 임무를 맡았던 한 군인 사진작가가 있습니다. 그는 2013년 아사드 정부에 의해 참혹하게 인권을 유린당한 1만 1000명의 시신 사진 5만 5000장을 빼내어 도망쳤습니다. 그리고 카이사르란 익명으로 이 사진들을 유엔과 미국 의회에 넘깁니다. 이 사건을 계기로 미국은 아사드 정권을 제재하기 위한 '카이사르법(Caesar Syria Civilian Protection Act)'을 제정합니다.

원래 시리아는 새벽에도 여성 혼자 택시를 탈 수 있을 정도로 안전하고, 나라 전체가 박물관과 같은 아름다운 나라였습니다. 그러나 이러한 시리아가 무너지고 있습니다. 무고한 주민들은 조금이라도 더 안전한 곳을 찾아 나고 자란 집을 갑작스럽게 떠나야만 했습니다. 끊임없이 시리아 안을 돌아다니고 이주를 반복하며 고생했습니다. 무차별 폭력, 폭력 진압, 세력 간의 분쟁, 체포, 납치, 강제 징집 등의 두려움 속에 오랜 기간 시달렸습니다. 주민들은 포식자와 뱀으로 가득 찬 어두운 우물 같은 환경에 살면서, 살아남기 위해 버티고 또 버텼습니다.

그러나 날이 가도 해결책이 보이지 않았고, 수백만 명이 넘는 시리아 주민들은 그 '생지옥'을 피해 시리아 인근 국가로 넘어갈 수밖에 없었습니다. 이웃 국가들은 초기에는 국경을 열어 이들을 받아주었습니다. 공식적인 게이트가 아니더라도, 별다른 서류가 없더라도 국경을 쉽게 넘을 수 있었습니다. 달랑 몸만 가지고 떠났던 시리아 주민은, 임시로 이웃 나라에 머물다가 곧 고향이 안전해지면 다시 돌아갈 거라는 희망을 갖고 있었습니다. 그러나 갈수록 시리아 상황은 복잡해지고 악화되었습니다. 하루하루 희망은 사라져 갔습니다. 이웃 나라들은 이제 국경을 걸어 잠그고 시리아인들이 더 이상 들어오시 못하도록 했습니다. 이미 와 있는 시리아인도 하루빨리 돌려보내고 싶어 하지요. 난민으로 인한 부담이 증가하면서 난민 추방을 요구하는 목소리도 점점 커졌습니다.

레바논에는 140만 명 이상, 터키에는 400만 명 이상, 요르단에는 100만 명 이상 시리아 난민이 있습니다.

터키의 400만 명이 넘는 난민 중에 30만여 명이 26개의 캠프에서 머물며 쉘터(임시거처), 의료, 교육, 음식 등을 제공받았습니다. 그 외 대다수는 별다른 지원 없이 캠프 밖에서 거주했고요. 그런데 최근에는 이 캠프마저 없어졌습니다. 난민들은 각자 스스로 살 수밖에 없습니다. 등록된 난민이라면 교육과 보건 등의 공공 서비스를 받을 수 있다는 원칙은 있지만, 대다수 난민이 등록 문제와 언어 장벽 등 다양한 이유로 기본적인 서비스를 제공받지 못하고 있습니다.

레바논은 국경은 계속 열어 두었지만, 공식적인 난민 캠프는 허가하지 않았습니다. 그래서 레바논의 땅 주인들이 개별적으로 난민 캠프를 만들어 임대하면 난민들이 임대료를 내고 사는 방식으로 지내고 있습니다. 경우에 따라 다르지만, 임대료는 보통 한 달에 100~150달러 수준입니다.

2015년 헬프시리아에서 레바논을 방문했을 때, 레바논 곳곳에 총 1284개의 사설 난민 캠프가 설치되어 있었습니다. 주거 시설이 열악하여 겨울에는 폭설과 심한 눈보라로 고통받는 게 현실입니다. 레바논은 시리아 정부를 지지하기 때문에, 난민들이 알아사드 독재자의 품으로 되돌아갈 수밖에 없도록 계속 체류 제도를 변경합니다. 합법적으로 체류하려면 엄청나게 비싼 수수료는 물론이고 뇌물까지 내야 합니다. 이것이 감당하기 어려워 많은 난민이 불법 체류자가 되고 있습니다. 레바논에서 출생한 난민 신생아의 72%가 출생증명서를 갖지 못하는 이유입니다. 영화 <가버나움>에서 접한 비극적 현실은 허구가 아닌 실화입니다.

요르단에는 100만여 명이 머물고 있는데 자타리 캠프 한 곳에 무려 8만 명이, 아즈락 캠프에는 4만 명이 거주하고 있습니다. 상당수의 난민은 캠프보다 주거 환경이 낫고 일자리도 찾을 수 있는 수도

암만을 비롯한 도시 지역에 거주하고 있습니다.

시리아 난민들은 각 나라에서 해당 국민들이 잘 하지 않는 위험하고 어려운 일을, 원래 받아야 할 임금의 절반만 받으며 하고 있습니다. 시리아에 돌아갈 희망은 보이지 않고, 이웃 나라에서도 하루하루 비참한 삶이 계속되다 보니, 더 인간답게 살기 위해 시리아 난민들은 더 먼 곳을 향해 떠납니다. 그렇게 지중해를 건너 유럽에 도착한 사람들이 100만 명에 이릅니다. 그 과정에서 아일란 쿠르디를 비롯해 6000여 명이 바다에 빠져 죽고 말았고요. 시리아를 떠나 한국까지 온 이들도 1500여 명(이중 인도적 체류자는 1231명, 난민 인정자는 5명)이나 됩니다.

많은 어려움이 있어도 그들의 삶은 시리아에 남아 있는 사람들의 삶보다 훨씬 낫습니다. 국경을 넘지 못한 300만~400만여 명은 국경 주변의 비참한 실향민 캠프에서 언제 죽음이 올지 모르는 상태로 지내고 있습니다. 거의 모든 캠프가 시리아 북서쪽 터키 국경 앞에 설치되어 있는데, 텐트들이 다닥다닥 붙어 있어서 옆집에서 무슨 얘기를 하는지 다 들을 수 있을 정도입니다. 나무로 틀을 세우고 플라스틱판을 얹어 지붕을 만든 열악한 임시 텐트에서 혹한의 겨울을 맞습니다. 바닥에서 자야 하는 아이들을 위해 목재를 깔아 보지만 땅에서 올라오는 차가운 기운을 막기에는 역부족입니다. 폭우와 눈이 캠프에 홍수를 일으키고, 캠프의 대부분은 하수 오물 처리가 되지 않아 피부병에 걸린 아이들을 어렵지 않게 볼 수 있습니다. 공동으로 사용하는 화장실도 매우 부족합니다. 당연히 물과 전기의 공급도 원활하지 않아 생활의 어려움이 큽니다. 교육이나 보건 서비스는 말할 것도 없고요.

★ 그럼에도 희망을 버리지 않는 사람들

2011년 2300만 명이던 시리아 인구가 2018년 1691만 명이 되었습니다. 10년 동안 지속된 시리아 비극으로 100만 명 이상이 사망했습니다. 부상자는 수백만 명에 이르고요. 시리아 국내 단체들에 따르면, 일부 지역의 장애인 비율은 30% 정도라고 합니다. 이는 전 세계 평균의 두 배입니다. 60만여 명이 체포되었고, 고문으로 최소 20만 명이 죽었습니다. 아직도 30만여 명이 고문소에 갇혀 있습니다. 한 인권 단체에서는 시리아 정부군에 의한 실종자가 9만 명 이상이라는 자료를 발표하기도 했습니다.

유엔과 국제기구들에 따르면 시리아 인구의 85%가 빈곤선 이하에서 살고 있습니다. 유엔세계식량계획(WFP)은 현재 전체 국민의 절반이 넘는 930만 명의 시리아 사람들이 식량 수급 불안정 상태에 있다고 보고 있습니다. 식품 가격은 200% 폭등했고, 이로 인해 전례 없는 기아 위기에 처한 상황입니다.

1500만 명의 시리아 사람들이 자기 집을 떠났습니다. 그중 800만 명이 국경을 넘어 전 세계로 흩어졌습니다. 국경 근처 임시 캠프에만도 300만~400만 명이 있고요. 시리아 안팎의 시리아 난민 아동 300만 명 이상이 교육받을 기회를 박탈당했습니다. 시리아 난민 다수를 수용한 터키, 레바논, 요르단의 통계를 보면 시리아 난민 아동의 중등 교육 기관 등록률은 13%로, 전 세계 평균 23%에 한참 못 미칩니다.

하지만 이런 암울한 현실 속에서도 이들은 '내일의 아름다운 시리아'를 상상하며 희망을 향해 한발씩 나아가고 있습니다. 특히 시리아의 회복을 위해 가장 좋은 방법은 교육이라며 이런 상황에서도 교육의 끈을 놓지 않고 있습니다. 헬프시리아는 몇 년 동안 구호

물자로 식량을 지원했는데, 현지에서 식량 대신 교육을 지원해 달라는 요청을 받고 방향을 바꾸었습니다. 2019년에는 그 첫 결실로 시리아 안 실향민 캠프 근처에 900여 명의 학생을 수용할 수 있는 초등학교를 지었습니다.

★시리아 난민 현실을 접할 수 있는 추천 영화

- 〈사마에게For Sama〉(와드 알-카팁, 에드워드 왓츠 감독, 2019년 제작)

젊은 여성 시민기자 와드가 알레포에서 벌어진 5년간의 일을 촬영하여 시리아 실상을 알린 영화. 와드는 의사인 함자와 결혼하여 딸 사마를 낳고, 병원을 운영하며 주민들을 도우면서 전장 속에서 딸을 키웁니다. 강제로 알레포를 탈출하게 되면서 그동안 기록했던 자료를 모아 영화를 만들었다고 합니다.

- 〈동굴The Cave〉(페라스 파이야드 감독, 2019년 제작)

시리아 정부군은 4년 반 넘게 다마스쿠스 인근 '구타 지역'을 봉쇄하고 매일같이 폭격을 퍼붓고 생존에 필수적인 식량·물·전기 등의 공급을 막았습니다. 구타 지역에 있는 '다라야 마을'에서 봉쇄 기간 동안 젊은 여성 주도의 의료진이 목숨을 걸고 비밀 지하 병원을 운영하며 촬영한 영화예요.

- 〈가버나움Capernaum〉(나딘 라바키 감독, 2018년 제작)

레바논에 거주하는 시리아 난민 신생아의 72%는 출생증명서가 없습니다. 출생 기록조차 없이 아이들이 비참하게 살고 있죠. 영화 속 주인공인 '자인'도 그렇게 살았습니다. 영화 덕분에 자인과 자인의 가족은 노르웨이에서 난민으로 살게 되었지만, 아직까지 레바논에는 비참하게 사는 시리아 아이들이 너무 많습니다.

- 〈시리아의 비가: 들리지 않는 노래Cries from Syria〉
(에브게니 아피네예브스키 감독, 2017년 제작)

시리아 상황을 총괄적으로 다룬 영화. 시리아의 혁명 전 모습, 혁명의 원인, 국제 개입과 테러 집단의 모습을 보여 주면서 시리아 비극을 정확하고 자세하게 조명합니다. 영화의 모든 정보는 사실이며 믿을 만합니다. 다만, 국제 개입의 내용 중 미국이 했던 일은 다루지 않았다는 점이 아쉽습니다.

- 〈알레포 함락Aleppo's Fall〉(니잠 나자르 감독, 2017년 제작)

러시아의 지원을 받은 시리아 정부군은 반군이 모여 있는 '동알레포' 지역을 봉쇄합니다. 반군과 정부군 간의 정치적 협상, 국제적 압력 등 여러 노력으로 봉쇄는 풀리고 주민들은 강제로 집을 떠납니다. 이 모든 과정을 담은 영화입니다.

- 〈알레포의 마지막 사람들Last Men in Aleppo〉

(페라스 파이야드 감독, 2017년 제작)

폐허가 된 알레포에서 주민들이 겪는 일상생활과 탈출로 인해 점점 주민 수가 줄어드는 모습을 담았습니다. 시리아 정부군과 러시아군의 무작위 폭격 모습과, 하늘에 점처럼 조그맣게 보이는 폭격기들을 긴장하며 지켜보고 있는 시리아 민방위대 '화이트 헬멧' 대원들의 모습을 만나게 됩니다.

- 〈화이트 헬멧: 시리아 민방위대The White Helmets〉

(올란도 폰 아인지델 감독, 2016년 제작)

정부군의 무차별 폭격을 앞에 두고 일반 시민들은 자발적으로 구조대를 만듭니다. 이들은 하늘을 지켜보고 있다가 폭탄이 떨어지면 바로 달려가서 인명을 구조하지요. 총 하나 없이 오직 보호 헬멧만을 쓴 채 현장에서 구조 활동을 하는 이들은 '화이트 헬멧 구조대'라 불립니다. 이들은 꾸란의 한 구절 "한 사람의 생명을 살리는 것이 인류를 살리는 것이다"를 좌우명으로 삼고 지금까지 열심히 활동하고 있습니다.

- 〈홈스는 불타고 있다The Return to HomS〉

(탈랄 데르키 감독, 2013년 제작)

시리아 국가대표 골키퍼 출신 압둘바셋 알사루트가 주인공인 다큐멘터리입니다. 알사루트를 중심으로 2011~2013년 사이에 혁명이 시작한 모습과 혁명이 전쟁으로 바뀌어 가는 모습을 담았죠. 홈스 봉쇄와 봉쇄 때문에 주민들이 고향을 강제로 떠나는 모습도 담겨 있습니다.

5장

내 친구의 가족이
난민이 되다니

죽음의 바다를 건너야 하는 칼릴

와합이 친구들에게 영상 하나를 보냈다. 언제나 기록을 남기는 것은 와합의 습관이다.

"한국에서 비자를 주지 않아 포기하고 어쩔 수 없이 동생을 유럽으로 보내야만 해요. 앙카라를 출발해서 오늘 새벽에 이즈미르에 도착했어요. 브로커를 만났고, 아마도 내일 출발할 것 같아요. 이제 일어나 떠날 준비를 해야 해요."

카메라를 보며 상황을 알리는 와합의 눈. 늘 힘 있게 반짝이던 빛이 보이지 않았다. 눈자위가 약간 불그스름하고 눈동자는 힘없이 젖어 있었다. 중얼거리듯 작게 말하는 목소리는 가라앉아 있었다.

그러다가 동생을 불러 말을 걸었다. 누워서 핸드폰을 하다가 형을 보며 대답하는 스물한 살 칼릴의 표정과 목소리는 오히려 씩씩하고 기운이 있었다. 그러나 브로커가 데리고 왔다는 숙소는 화면으로 보기에도 낡고 허름했다. 처량하고 안쓰러워 보였다.

몇 시간 후, 와합은 시장에서 동생에게 입힐 구명조끼와 필요한 물품들을 사는 사진을 보내왔다. 왈칵 눈물이 치밀어 올랐다.

'얼마 전 〈PD수첩〉을 보면서도 눈물을 흘렸는데, 그땐 이게 네 동생의 이야기가 될 줄은 몰랐어.'

2015년, 수많은 시리아인이 지중해를 건너 유럽으로 가는 난민의 삶을 택했다. 와합의 남동생 칼릴도 어쩔 수 없이 이 선택에 동참해야 했다. 와합네는 8남매인데, 넷째인 칼릴은 남동생으로는 와합 바로 아래다. 형과 달리 칼릴은 유프라테스강 주변 넓은 땅에 농사를 지으며 살고 싶었다. 자신의 가족을 이루고 집안의 일원이 되어 고향에서 평생 부모님, 친척들과 함께 살고 싶었다.

당연히 그렇게 살 줄 알았다. 그러나 스물한 살인 칼릴은 락까에 더 이상 남아 있을 수 없었다. 고향에 남는다는 것은, 강제 징집되어 전 세계가 혐오하는 IS 대원이 되어야 한다는, 누군가를 이유 없이 죽여야 한다는 의미였다.

9월 말, 칼릴은 목숨을 걸고 시리아를 탈출했다. 아무것도 못 먹고 IS의 눈을 피해 국경을 넘어 터키로 오는 데 꼬박 이틀이 걸렸다. 원래는 차로 한 시간 반밖에 걸리지 않는 거리였다.

와합은 자신에게 제2의 고향인 한국으로 칼릴을 데려오려고 부단히도 노력했다. 한국에 있는 지인들에게 도움을 요청해 보기도 하고 여러 방면으로 방법을 알아보았다. 그러나 불가능했다. 비자를 받기 위해서 함께 앙카라에 있는 한국 대사관을 방문했을 때 대사관 직원의 태도는 모욕감을 느낄 정도로 무례했다.

한국 말을 전혀 모르는 칼릴이지만 마음에 상처를 깊게 입었다. 한 달 정도 더 준비하면서 노력해 보자는 와합의 권유를 칼릴은 거절했다. 형이 그렇게나 사랑하고 자랑하던 한국이 내게는 차갑기만 하다고. 와합 역시 표현은 하지 않았으나 상처를 받은 것 같았다.

그나마 위로가 되었던 것은, 출국 전 출연한 〈김어준의 파파이스〉에서 와합의 이야기를 들은 시청자들이 먼저 대사관에 동생을 도와 달라는 메일을 보낸 사실이었다. 그뿐만 아니다. SNS에서 와합의 사정을 읽고 먼저 연락한 한국인 유학생도 있었다. 형이 일을 처리하고 올 때까지 앙카라에 있는 동안 머물라며 칼릴에게 선뜻 집을 빌려주고, 나중엔 대사관까지 동행해 주었다. 얼굴도 모르던 이였다. 따뜻함을 적극적이고 용기 있게 표현하는 사람들이 세상에는 의외로 많았다. 이런 손길들이 와합의 실망과 상처에 이는 시린 바람이나마 막아 주었던 것 같다.

10월 중순, 와합은 메신저로 친구들에게 동생의 유럽행을 알렸다.

TV에서는 몇 년 동안 그다지 관심이 없던 시리아 전쟁과 난민에 대한 이야기가 연일 방송되고 있었다. 한 달 전쯤 세 살짜리 아일란 쿠르디가 바다를 건너다가 배가 전복되어 목숨을 잃은 비극이 일어났다. 그리고 이제는 머나먼 남의 일이 아니었다. '죽음의 지중해 건너기'가 바로 내 친구 동생의 일이 되었다.

처음에는 실감이 나지 않았으나 곧 〈PD수첩〉의 '시리아 난민, 오늘도 죽음의 바다를 가르다'가 떠올랐다. 그러자 심장이 떨려 왔다. 와합이 통역으로 함께했던 그 프로그램은, 난민들이 터키에서 지중해를 건너 어떤 경로를 거쳐 유럽으로 가는지를 동행 취재하며 구체적으로 다루었다.

뉴스 기사로 접하는 것과 다큐로 접하는 것은 엄청난 차이가 있었다. 배는 터키 경찰들의 눈을 피해 밤에 바다를 건너가고 있었다. 그런데 그 배라는 것이, 겨우 모터 하나 달린 작은 고무보트였다! 전혀 몰랐던 사실이었다. 다시 돌아올 수 없으므로 버리고 가도록 고무보트를 이용하는 거였다.

방송에는 브로커가 총으로 위협하며 탑승자들에게 배를 몰 줄 아는 사람이 있냐고 묻는 장면도 있었다. 즉흥적으로, 보트 운전 경험이 있다는 사람이 나오면 그에게 운전을 시키고 없으면 아무나 시키기도 했다. 작은 고무보트로 밤바다를 건너는 것만으로도 위험천만인데…….

나는 더럭 겁이 나서 와합에게 보트 운전사에 대해 물었다.

"칼릴이 타는 배는 배를 잘 몰 줄 아는 난민 한 명을 공짜로 태워 주고, 그 조건으로 운전을 하는 거예요"라는 대답이 돌아왔다.

'그래. 그런데 말이야. 혹시나…… 그 난민이 돈이 없어서 공짜로 타려고 어설픈 솜씨인데 거짓말을 하는 사람이면 어떡해…….' 그러나 차마 이 말을 입 밖에 낼 수는 없었다.

TV 속의 고무보트는 드넓은 바다 앞에서 마치 가랑잎 같았다. 그 가랑잎 위에 35~40명가량의 사람이 빽빽하게 타고 있었다. 넘실거리는 물결 위 위태롭게 흔들리는 고무보트. 왜 지중해에서 배가 뒤집혀 난민들이 빠져 죽는 사건이 연일 뉴스에 나오는지 이젠 확실히 알겠다.

그러나 곧 겨울이 오면 그 바닷길마저 막혀 버린단다. 칼릴에게는 망설일 시간이 없었다.

동생을 보낸 후 와합은 또 하나의 영상을 보냈다.

동생과 이별하는 모습을 담은 영상이었다. 형제는 등을 두드리며 포옹을 하고 있었다. 아랍식으로 서로의 볼을 맞대고 뺨에 입을 맞추었다. 쾌활한 목소리로 웃었다. 격려를 하는 듯한 말과 인사를 나누었다.

그러나 끝내, 서로의 눈을 마주치지는 못했다.

곧 작은 가방을 메고 구명조끼인 듯한 보따리만 손에 든 칼릴이 어두컴컴한 복도로 뒷모습을 남기다, 사라졌다.

모두가 잠 못 이루는 밤

낮 열두 시.

칼릴은 같이 배를 타러 갈 사람들과 모여서 한 시간가량 기다렸다. 짐칸이 있는 작은 차에 35명 정도의 사람들이 빽빽하게 탔다. 숨이 막히고 답답했다. 울퉁불퉁한 길을 한 시간 반 정도 달리던 차가 갑자기 멈췄다. 터키 경찰이었다.

동생이 경찰에게 잡혔다는 소식에 와합은 크게 걱정했다. 다행히 칼릴은 새벽 다섯 시쯤 돌아왔다. 허겁지겁 배를 채운 후 정신없이 잠이 들었다. 오전 열 시쯤에 브로커들은 지금 출발해야 한다며 칼릴을 깨웠다.

전날과 같은 차를 타고 보트를 타는 곳으로 갔다. 이번에는 경찰에게 들키지 않고 무사히 도착했다. 바다 근처 숲속의 낡은 집. 그곳에는 역시 보트를 탈 100명 이상의 난민들이 모여 있었다. 무리는 어두운 밤이 되기를 기다렸다.

사방이 깜깜해진 여덟 시 무렵. 브로커들은 무리를 세 그룹으로 나누었다. 보트 세 대가 시간 차를 두고 출발하기 시작했다. 칼릴은 열한 시에 출발하는 마지막 보트에 몸을 실었다. 작은 보트는 어둠을 가르고 바다를 건너가기 시작했다.

와합은 배를 타는 곳까지 따라가고 싶었지만 갈 수 없었다. 브로커들은 와합을 경계했다. 지난해 〈KBS 파노라마〉 팀, 그리고 불과 얼마 전에 〈PD수첩〉 팀과 촬영을 같이 왔기 때문인지, 그들은 와합을 방송 관계자로 오해했다. 항상 뭔가를 감추며 조심스럽게 일을 진행하더니, 이젠 옆에 지켜보는 사람까지 붙여 두었다. 동생이 보트를 탈 때까지 와합은 10~20분마다 연락을 했다. 칼릴은 예전에 와합이 사용하다가 준 스마트폰을 갖고 있었다. 이 여정에서 가족과 연락을 이어 주고 갈 길을 알려 주는 그 무엇보다 소중한 물건이었다.

얼마 후, 칼릴에게서 배를 타야 하니 전화를 사용할 수 없다는 문자가 왔다. 경찰들에게 위치가 발각될 수 있다는 이유로 브로커들이 막기 때문이다. 이제는 무사히 도착했다는 소식이 올 때까지 기다리는 수밖에.

한국에서도 채팅방에 불이 났다. 와합은 동생에게서 소식이 올 때마다 바로 가족 같은 친구들의 채팅방에 그 소식을 남겼다. 친구들은 와합을 응원하는 지인들과 또 다른 단체 채팅방을 만들어 계속 소식을 퍼 날랐다. 시차가 있어서 내내 깨어 있지는 못했지만 여러 친구들이 새벽까지 잠을 못 이뤘다. 애타는 심정으로 한마음이 되어 칼릴을 위해 기도했다.

그런데 이제 도착했다는 소식이 올 때가 되었는데, 연락이 없다. 이미 출발한 지 한참이 되었다.

'무슨 일이 생긴 건 아닐까!'

와합은 심장이 덜컥 내려앉았다. 극심한 불안감으로 눈앞이 깜깜해졌다. 한 시간 같은 10분이 흐르고, 또 10분, 또…….

여전히 연락은 오지 않았다. 두려움에 입술이 마르고 심장이 조여 왔다. 숨이 막혔다.

한국도 아침 시간이 되었다. 새벽까지 와합을 위로하며 늦게 잠자리에 들었던 친구들은 일어나자마자 칼릴의 소식을 물어 왔다. 그러나 전할 말이 없었다.

새벽 두 시 반.

드디어 브로커로부터 연락이 왔다. 동생의 보트가 도착했다!

가슴이 열리며 한숨이 터져 나왔다. 원래 그리스 레스보스섬까지는 한 시간 반에서 두 시간이면 도착할 구간이다. 그런데 세 시간 반이나 걸렸다. 조류 탓이었다.

무사히 도착했다는 소식에 한시름 놓긴 했지만, 와합은 동생의 목소리를 직접 듣기 전까지는 안심할 수가 없었다. 칼릴의 목소리를 직접 듣게 해 달라고 브로커를 협박하다시피 했다.

새벽 네 시가 되어서야 겨우 칼릴에게서 연락이 왔다. 로밍을 한 다른 사람의 핸드폰으로 보낸 음성 메시지였다. 무척이나 밝은 목소리. 마치 "이제 살았다!" 말하고 있는 듯한 음성이었다.

"형! 우리 잘 도착했어! 무사해. 보트가 방향을 잘못 잡아서 엄청 불안하고 힘들었어. 하지만 이제 괜찮아. 걱정하지 마."

짜르르 온몸에서 긴장이 풀리는 게 느껴졌다. 와합은 그제야 안심이 되었다. 동생의 음성을 듣고 나니 살 것 같았다.

그러나 칼릴이 가야 할 길은 이제 시작일 뿐이다. 먼저 아테네로 가서 마케도니아, 세르비아, 크로아티아, 슬로베니아를 거쳐 오스트리아, 그리고 독일까지 가야 한다. 굽이굽이 길게 펼쳐진 험난한 길. 그래도 가장 위험한 순간은 넘겼으니까.

와합은 일어나 동생의 목숨값인 보트 비용을 브로커에게 지불했다.

IS의 강제 징집과 어린 동생들

칼릴을 유럽으로 보내는 일만으로 급한 문제가 일단락된 거라면 얼마나 좋았을까?

동생을 보내자마자 와합은 또 다른 큰 고민에 빠졌다. IS가 14세부터 44세까지의 남성들을 강제 징집한다는 소문 때문이었다. 이 소문이 사실이라면 20세와 15세인 사미르(다섯째)와 라훔(일곱째)도 위험하다. 막내 하순도 아직은 어리지만 앞으론 알 수 없다. 하루빨리 락까에서 동생들을 빼내야 한다.

그런데 가족과 아무리 연락을 시도해도 닿지 않았다. 와합은 애가 탔다. 어떻게 해야 할지 방안이 서지 않았다. 일단은 비행기표를 뒤로 미뤘다. 한국에 돌아가서 박사 과정 마지막 학기 수업을 들어야 했지만 가족 문제 앞에서는 다 부질없었다.

상황은 점점 더 나빠지기 시작했다. 강제 징집 소문은 사실이었다. 그러나 가족은 여전히 소식이 없었다. 그러다 느닷없이 칼릴을 시리아에서 터키로 나오게 해 준 브로커에게서 연락이 왔다. 그는 가족을 꼭 탈출시켜 주겠다고 했다.

칼릴을 보낸 지 4~5일쯤 지났을까, 갑자기 한밤중에 브로커가 다시 연락을 했다.

"가족을 터키 국경 근처까지 데리고 왔소. 하지만 지금 상황이 너무 위험해서 언제 터키로 넘어갈 수 있을지는 알 수 없소. 내 능력은 여기까지요. 다른 브로커에게 가족을 넘기고 나는 락까로 돌아갈 거요."

눈앞이 아찔했다. 가족이 위험한 국경 근처에서 발이 묶여 있는데, 무엇을 해야 할지 막막했다. 와합은 한국에 있는 가족 같은 친구들에게 이 긴급한 상황을 알리고 기도를 요청했다. 다른 친구들에게도 알려 주고 기도를 부탁해 달라고 했다. 칼릴이 무사히 지중해를 건넌 이후로 잠시 잠잠하던 여러 채팅방이 또 시끌시끌해졌다.

설상가상으로 그날 밤, 락까에 두 시간 동안 스물한 번이나 러시아군의 폭격이 이어졌다. 뉴스를 본 와합은 뜬눈으로 밤을 새웠다. 칼릴 일 때부터 쌓여 온 피로로 지독한 감기에 걸려서 고생 중이었지만 초조함과 불안감에 잠은 생각할 수도 없었다. 한국에 있는 친구들 역시 칼릴이 지중해를 건널 때와 같이 쉬이 잠들 수가 없었다.

가슴이 타들어 가는 밤이 지난 다음 날. 아침 일곱 시쯤, 모르는 번호로 전화가 왔다.

동생이었다!

"우리 터키에 왔어요."

"이제 우리는 난민이 되었구나."

와합의 가족은 그날 오후 터키 남동부 안타키아(Antakya)에서 버스로 출발했다. 와합이 있는 서부 이즈미르(Izmir)까지 열여덟 시간이 걸렸다. 다음 날 오전, 1년 새 더 쇠약해진 모습의 아버지는 와합을 보자마자 꼭 안아 주셨다. 가족을 만나니 그동안의 걱정이 눈 녹듯이 사라졌다. 그러나 희뿌옇게 잔뜩 더러워진 옷차림에, 고단함과 슬픔이 드리워진 가족의 얼굴을 보고 있노라니 가슴이 저미듯 아려 왔다.

어머니가 칼릴을 찾으셨다. 왜 같이 오지 않았느냐고 물으셨다. 와합은 동생이 한국 비자를 받지 못해 바다 건너 유럽으로 떠난 사실을 차마 떨어지지 않는 입으로 이야기해야 했다. 예상치 못한 대답에 부모님은 많이 놀라고 슬퍼하셨다.

"칼릴이 안전하게 비행기를 타고 형이 늘 자랑하던 한국으로 갔더라면 얼마나 좋았을까."

차마 부모님을 뵐 낯이 없었다. 아무런 말을 못하고 있는 와합을 아버지가 위로하셨다.

"와합, 네가 최선을 다했을 걸 안다. 어쩔 수 없는 일에 자책하지 말고 마음을 편하게 가져라."

아무런 대답을 할 수가 없었다. 입에서 쓴맛이 느껴졌다. 마치 아랍어를 잊어버린 것 같았다. 순간 흐르는 정적을 보고 있던 터키인 친구 페툴라가 가족을 재빨리 자신의 집으로 안내했다.

"내일 바로 집으로 당신과 아들들을 잡으러 올 거요."

누군가 아버지에게 슬쩍 알려 줬다. 최대한 빨리 락까를 떠나야 했다. 아버지는 바로 브로커와 연락을 취했다. 몇 시간 만에 차를 준비했다. 할머니와 바로 아래의 삼촌에게만 알리고 비밀리에 락까를 빠져나왔다. 결혼 후 분가하여 살고 있는 큰딸 위다드가 눈에 밟혔다. 그러나 어쩔 수 없었다. 세 명의 남동생이 모두 탈출하고 나면, 남아 있는 가족까지 위험해지므로 모두 나가야 했다.

락까에서 터키까지 직행하는 빠른 길은 IS의 삼엄한 감시 때문에 포기하고, 시리아 서남쪽으로 멀리 돌아서 가야 했다. 가는 길에 끊임없이 시리아 정부군과 러시아군의 폭격이 계속되었다. 더구나 세찬 비까지 내렸다.

겨우 국경 근처에 도착한 후 험한 산길을 걷기 시작했다. 이미 밤이 되어 어둡고 추웠다. 내린 비로 길까지 미끄러웠다. 도중에 아버지가 쓰러지셨다. 좀처럼 일어나지 못하는 아버지 옆에서 가족은 주저앉아 울었다. 눈앞이 캄캄했다. 다행히 브로커와 다른 일행이 남동생을 도와 아버지를 부축했다. 밤새 걷고, 기어서 국경을 통과하고, 또 걸어서야 겨우 터키의 작은 마을에 도착했다.

운이 따른 걸까. 가족이 집을 떠난 뒤, IS는 락까 밖으로 주민들이 나가는 것을 철저히 막기 시작했다. 이제 주민들이 락까 밖으로 탈출하고 싶어도 못하게 되었다.

밤새 계속된 가족의 이야기가 끝나자, 아버지가 말씀하셨다.

"목숨을 건 '죽음의 여정'이었지. 그리고 이제, 우리는 난민이 되었구나."

'우리 가족이 난민이 되었다'는 말을 듣는 순간, 와합은 소름이 끼쳤다. 현실을 직시하게 하는 '난민'이란 단어 앞에 눈앞이 캄캄해졌다.

칼릴의 올리브유

가족이 살 집을 구하는 일, 동생들의 학교 문제 등 터키에서 난민으로 살기 위해 해결할 일들이 산적해 있었다. 그러나 더 이상은 마지막 학기인 학업을 미룰 수 없었다. 할 수 없이 와합은 우선 한국으로 돌아왔다. 다행히 친구 페툴라가 고맙게도 자신의 집에 일곱 명의 와합 가족을 머무르게 해 주었다.

와합이 한국에 돌아오고, 가을도 저물어 겨울에 이른 11월의 어느 날.

올리브유를 들고 와합이 우리 집을 방문했다. 칼릴이 시리아에서 터키로 탈출할 때 갖고 온 거였다.

48시간 동안 거의 잠을 못 자고 굶주리던 때에도, 중간에 모든 짐을 다 버려야 했을 때에도 끝까지 챙겼던 올리브유. 국경을 지키는 터키 저격수의 총알이 주변을 스치고 갈 때에도, IS 검문소 근처에서 서치라이트 불빛이 머리 위를 지나가는 것을 피해 죽은 듯이 엎드려 있을 때에도, 그리고 몇 시간을 엎드려 기다렸다가 기어서 도망치던 그 와중에도 절대 버리지 않았던 올리브유. 와합이 평소 맛을 자랑하던 고향집의 바로 그 올리브유였다.

처음 만난 날, 초췌한 얼굴로 온몸이 진흙투성이가 되어서는 "어머니가 형 주랬다"며 자랑스럽게 올리브유를 건네던 칼릴에게 와합은 벌컥 화를 냈다고 했다.

그 귀한 올리브유를 우리 집에 들고 왔다. 올리브유를 좋아하는 우리 자매에게 나누어 주겠다고.

동생이 말했다.

"와합, 그렇게 귀한 올리브유가 어떻게 목으로 넘어가겠어. 그냥 네가 가져가서 맛있게 먹어. 마음만으로도 고맙다."

"아니에요, 누나. 칼릴이 힘들게 가져온 거니까 고마운 친구들과 더 나눠 먹어야죠. 그래야 저도 마음이 편해요."

자그마한 병에 들어 있는 노오란 올리브유에 눈길이 가는 순간, 나는 코끝에서 뜨거운 무언가가 찡하니 울려서 그만 울컥했다.

순간, 짧은 침묵만이 우리들 사이를 감돌았다.

2015년 가을. 와합에게, 또 그 가족에게 유독 잔인했던 계절이 어느덧 끝나 있었다.

마지막 탈출

2016년 1월 말, 와합의 아버지는 다시 시리아로 들어가셨다. 편찮으신 할머니와 둘째인 여동생 위다드를 터키로 데리고 나오고, 집안의 땅 문제도 해결하기 위해서였다. 셋째인 여동생 위살이 허리가 아프신 아버지를 절대 혼자 보낼 수 없다고 따라붙었다.

아버지가 들어가시고 땅 문제는 안정을 찾았다. 할머니의 건강도 많이 회복되었다. 그러나 IS의 잔인무도한 압제가 날이 갈수록 심해졌다. IS는 아버지를 감금했다가 놓아주며 괴롭혔다. 재산도 절반 이상 빼앗아 갔다.

하늘에서는 미국이 주도하는 연합군과, 러시아군이 민간인 주거지를 가리지 않고 무차별적으로 폭탄을 쏟아부었다. IS는 시민들을 인간 방패 삼아 숨었다. 그리고 연합군과 러시아군은

IS를 격퇴한다는 이유로 더 많은 수의 시민을 죽이고 있었다.

할머니는 아버지에게 빨리 터키로 떠나라고 하셨다. 당신은 락까에서 여생을 보내고 묻힐 거니 절대 갈 수 없다고. IS가 물러가면 다시 락까에서 만나자고 하셨다.

2016년 11월 어느 날 이른 새벽. 가족은 매우 조심조심 비밀리에 집을 빠져나왔다. 아버지는 떨어지지 않는 발걸음으로 락까를 떠났다. 두 딸과 일곱 살 손자 페드르를 데리고 조용히 출발했다. 마지막 탈출이었다. 위다드는 만삭의 임신부로, 둘째의 출산을 코앞에 두고 있었다.

그런데 가족은 집을 나선다는 음성 메시지만 와합에게 남긴 채 그대로 소식이 끊겨 버렸다! 오래 걸려도 하루면 국경 근처라고 연락이 와야 했다. 이상한 일이었다. 아니, 두려운 일이었다.

하루, 이틀, 사흘…….

애타게 기다려도 소식이 없었다.

도중에 IS에게 잡혀 끌려간 것은 아닐까, 설마 폭격을……? 내 머릿속엔 온갖 끔찍한 생각들이 떠올랐다. 순간, 생각하는 것조차 두려워 떠오르는 즉시 지워 버렸다. 기도만 할 뿐이었다.

다 같이 목이 빠지게 소식을 기다리던 일주일째.

아버지로부터 연락이 왔다!

아버지와 가족이 락까에서는 잘 탈출했으나 마지막 IS 검문 장소에서 붙잡히고 말았던 것이다. 브로커의 배신인지 실수인지 이유는 알 수 없었다. 모든 짐을 압수당하고 남녀로 분리되었다. 아침이 밝으면 락까로 다시 보내질 것이라고 했다.

그리고 돌아가면…… 이제 끝이었다.

얼마쯤 지났을까. 갑자기 귀청이 찢어질 듯한 소리와 함께 땅이 크게 흔들렸다. 미국 주도 연합군 비행기의 폭격이었다. 함께 잡혀 있던 민간인과 IS 대원 몇 명이 죽었다.

아수라장이 된 틈을 타, 아버지는 여성들이 잡혀 있던 곳으로 달려갔다. 깜깜한 어둠 속에서 이름을 애타게 부르다가 다행히 딸들과 손자를 찾아냈다. 다들 무사했다. 아버지는 어린 손자의 손목을 꽉 붙잡았다. 암흑 속이라 서로 흩어질까 봐 딸들을 앞세우고 정신없이 달렸다. 팔목이 잘려 나가더라도 어린 페드르의 손만은 절대 놓을 수 없었다.

겨우 그 자리를 벗어났다. 그러나 어느 방향으로 가야 할지 알 수 없었다. 칠흑같이 어두운 데다가 겨울비까지 사정없이 내렸다. 가족은 흠뻑 젖은 옷을 입고 찬바람 속을 걸었다. 정신없이 도망치느라 신발이 사라진 것도 몰랐다. 발이 쑥쑥 빠지는 질퍽질퍽한 땅을 신발도 없이 걸으며 이틀을 헤맸다. 그러다 눈앞에 한 동네가 나타났다.

반가운 마음에 동네로 향했으나 쿠르드 민병대가 점령한 동네였다. 쿠르드 민병대는 자신들의 허가나 보증인 없이는, 점령한 지역에 아랍인의 출입을 금했다. 이번에는 쿠르드 민병대에게 잡혀서 하루 종일 조사를 받았다. 먹을 것은 물론, 어떤 도움도 받을 수 없었다. 다행히 쿠르드 민병대는 가족을 체포하지는 않겠다고 했다. 방향을 묻는 가족에게 이쪽 방향은 IS, 저쪽 방향은 반군이라고만 알려 주었다.

반군이 있다는 지역을 향해 무작정 걸었다. 그러다 빈 마을을 발견했다. 가족은 마을 안에 있는 작고 낡은 집으로 들어갔다. 그 집에는 이미 50여 명의 사람들이 있었다. 시리아 실향민들과 이라크의 모술에서 탈출한 사람들이었다. 지친 가족은 정신없이 잠이 들었다.

새벽녘, 엄청난 총소리에 눈이 번쩍 떠졌다. 마을은 격전지가 되어 있었다. 쿠르드 민병대, IS, 자유시리아군(반군) 간의 삼중 전투였다. 쿠르드 민병대가 반군이 있는 곳이라고 말한 이지역과 마을은 사실은 격렬한 전장이었다. 서로 수중에 넣기위해 한 달째 전투가 이어지고 있었다.

이틀 동안 전투는 계속되었다. 환자, 노인, 아이가 많았지만먹을 것은 아무것도 없었다. 이라크 할머니와 아기 한 명이 굶주림과 추위에 떨다가 목숨을 잃었다. 사람들은 두려움에 떨었다. 요란한 전투 소리에 숨죽이고 기도만 계속했다.

그러다 사면이 갑자기 조용해졌다. 모두 재빨리 마을을 빠져나왔다. 많은 사람들이 스마트폰을 갖고 있었지만 통신이나 인터넷 연결이 안 되니 방향을 찾을 수가 없었다. 무턱대고 걸었다. 몇 시간이나 걸었을까.

"멈춰!"

군인들이었다. 어둠에 가려 정체를 알 수 없고 민간인들이 나타날 지역은 더구나 아니었으므로, 군인들은 경고성 사격을 했다. 사람들의 머리 위와 주변으로 총알이 날아왔다. 공포에 질린 사람들이 비명을 지르고 울부짖었다. "우리는 군인이 아니고 일반 시민"이라고 큰 소리로 외쳤다.

총소리가 멈췄다. 이번엔 운이 따라 주었다. 자유시리아군이었다.

군인들은 사람들을 전장에서 떨어진 곳까지 차로 태워 주었다. 이 아스팔트 도로를 따라가면 동네가 하나 나오는데 그곳이 국경 근처라고 했다. 도로를 따라 일곱 시간 가까이 걸어가자 바로 그 동네가 나타났다.

집을 떠난 지 6일이 지났다. 그동안 먹은 것이라곤 빗물밖에 없었다. 추위와 굶주림에 지친 가족은 무작정 바로 눈앞에 보이는 식당으로 들어갔다. 들어가자마자 아버지는 식당 주인의 핸드폰을 빌려 한국의 아들에게 전화를 했다.

"와합, 우리 아직 안 죽었다. 아직까지 살아 있다."

늘 흔들림 없던 아버지가 우셨다.

"그럼, 살아 있어야지. 절대로 죽으면 안 되지. 적어도 애들을 안전한 곳으로 보낼 때까진……."

잠시 아무 말씀이 없으셨다.

"자랑스러운 아들아, 혹시나 내가 오늘 죽으면 엄마와 동생들을 잘 챙겨 주어라."

감기로 목이 쉰 아버지의 두렵고 지친 목소리. 늘 강하고 쾌활한 모습을 보이던 와합도 결국 울음을 삼키지 못했다. 사람들과 식사하던 자리를 벗어났다. 화장실로 가서 울며 전화를 받았다.

"맛있는 것 시켜 드시고, 쉬고 계세요. 아버지…… 정말 수고하셨어요……. 남은 일은 제가 다 알아서 할게요."

락까를 출발한 후 소식이 없던 아버지로부터 연락이 왔을 때, 와합은 얼마나 기쁘면서도 가슴이 아팠을까.

가족이 행방불명된 일주일 동안 와합은 별다른 말이 없었다. 오히려 담담한 얼굴을 하고 있었다. 피가 말랐을 그 시간을 와합은 묵묵히 혼자 견디고 있었다. 그동안 수차례 겪었던 친척, 친구, 지인의 죽음과 이별, 상실. 계속 반복되는 두렵고 가슴 아팠던 그 경험들이 이제는 그를 잠잠히 침묵하도록 만들었을 것이다.

시간이 한참 지난 후 와합은 얘기했다. 그때 친구들에게 말할 순 없었지만, 지옥 같은 일주일의 시간이 흐르는 동안 마음속으로는 '가족이 죽었구나……' 생각했다고.

"그래서 가족이 사라진 장소를 찾아내기 위해, 무슨 수를 써

서라도 시리아 안으로 들어가야겠다고 생각했어요. 친구들이 모두 말릴 테니 비밀리에 가려고요. 아버지가 돌아가신 장소를 찾지 않고서는…… 차마 어머니 얼굴을 뵐 수 없을 것 같았어요. 무슨 일이 있어도 시리아로 가서, 찾아내리라고 결심했어요."

나올 수도 돌아갈 수도 없는 길

다들 한시름 놓기는 했으나 문제가 해결된 것은 아니었다. 여전히 가족은 국경을 넘지 못했다. 와합은 우선 국경 근처에 사는 지인에게 연락하여 가족이 지낼 곳을 구했다. 머물 곳이 생긴 것만으로도 감사했지만, 안타깝게도 집은 매우 좁았다.

지인 가족 여덟 명과 와합네 가족 네 명, 열두 명이 작은 두 개의 방에서 함께 살았다. 물과 전기가 끊기고 난방도 되지 않았다. 추운 곳에서 씻지도 못하고 고생하다 보니 가족들이 아프기 시작했다. 무엇보다 위다드가 언제 출산할지 몰라 불안했다.

그런데 국경을 넘기가 쉽지 않았다. 매일같이 시도를 했다. 그러나 번번이 실패했다. 터키 정부는 난민을 막기 위해 국경에 높은 콘크리트 벽과 철조망을 설치해 놓았다. 군인들 몰래 벽을 타고 철조망을 넘어가기란 여간 어려운 일이 아니었다.

젊은 사람들은 가능할지 몰라도 허리가 아픈 아버지와 막달의 임신부, 어린이는 불가능했다. 같이 국경을 넘는 사람들의 도움을 받아 넘어가려고 했지만 매번 실패했다. 가족이 처음 터키로 넘어왔던 1년 전보다 국경 수비가 더 강화된 것이다.

시간은 자꾸 흘러갔다. 다급해진 가족은 다른 방법을 찾았다. 브로커를 바꿨다. 벽이 없고 경비가 덜한 서북 지역으로 가서 국경을 넘기로 했다. 가는 길은 멀었다. 여지없이 폭격의 위험이 있었지만, 잘 도착했다.

다음으로는 두 시간 가까이 높은 산을 넘어가야 했다. 넘은 후에는 산기슭에 숨어 기다렸다가, 경비 차량이 보이지 않을 때 도로를 건너가야 한다. 도로부터는 터키 땅이다. 하지만 도로를 건넌 후에도 넓은 개천을 건너고, 다시 걸어가야 비로소 안심할 수 있는 마을이 나온다.

힘들게 산을 넘어갔지만, 군인들 몰래 도로와 개천을 건널 수가 없었다. 결국 터키 군인에게 잡혔다. 다시 시리아 안으로 돌려보내졌다. 이틀 후 또 시도했지만, 이번에도 잡혀서 돌아갔다. 가족이 군인에게 잡혔다가 풀려나기를 거듭하는 동안, 와합은 와합대로 답답하고 미칠 노릇이었다.

12월의 매서운 바람은 마음을 더 시리게 만들었다. 가족이 터키로 무사히 올 수 있을까? 언제까지 버틸 수 있을까? 위다드가 갑자기 아기를 낳으면 어쩌지? 국경을 넘기 위해 도망치다가 터키 군인에게 붙잡혀서 맞거나 하면?

실제로 국경을 넘다가 잡혀서 폭행당하는 일이 비일비재했다. 다행히도 어린아이와 배부른 임신부, 젊은 여성, 노인으로 이루어진 그룹을 때릴 만큼 군인들이 잔인하지는 않았다.

거듭되는 실패 소식에 "와합, 가족들은 어떻게 됐어?"라고 묻기도 민망했다. 와합은 동영상 하나를 채팅방에 보내 주었다. 가족이 산을 넘기 전에 때를 기다리며 머무는 임시 장소였다.

어둡고 좁은 공간. 작은 창문만이 희미한 빛을 내뿜고 있었다. 널브러진 이불과 담요들, 칠을 하지 않은 벽과 시멘트가 그대로 드러난 바닥. 벽과 바닥이 토해 내는 냉기를 그 이불들로 막기에는 역부족일 것 같았다. 구석에는 차갑고 딱딱해 보이는 빵 몇 덩이와 물이 그릇 안에 볼품없이 담겨 있었다. 배가 불룩한 큰 여동생은 겨울 외투와 담요로 몸을 감싼 채, 눈을 감고 벽에 기대어 있었다.

카메라가 바깥으로 향했다. 입구를 막아 둔 두꺼운 천을 걷어 열었다. 밖에는 하얀 눈이 소복하게 쌓여 있었다. 다시 돌아온 내부 풍경. 털모자를 쓴 페드르가 카메라를 보고 웃는다. 삭막한 상황과는 너무나 이질적인 맑은 미소. 짧은 말을 했다. 입김이 뽀얗게 솟아올랐다.

영상을 보고 나니 친구들의 마음도 더 다급해졌다.

"와합, 다른 방법은 없는 거야? 국경에서 도망쳐서 군인들을 따돌린다는 건 불가능해. 아이와 임신부가 어떻게 뛰겠어. 정말 딴 방법은 없는 거니?"

"지금 계속 찾아보고 있는 중이에요. 한 가지 더 있긴 해요. 그런데 그 방법은 좀……."

"뭔데? 더 나은 방법이 있으면 그걸 해 봐야지."

"터키 군인 장교 차를 이용하는 방법이 있어요. 다른 브로커를 구해서 터키 장교 차를 몰래 타고 국경을 통과하는 거예요. 그런데…… 돈이 많이 필요해요. 1인당 보통 250만 원씩."

1인당 250만 원이면 총 1000만 원이다. 와합에게 당장 그런 돈이 있을 리가 없다. 그러나 1000만 원을 어찌 사람 목숨과 비교하겠는가.

갈수록 태산이라고, 위다드가 IS의 참수자 리스트에 올랐다. 부부의 의를 저버리고 다른 여자와 살고 있던 위다드의 남편이, 위다드가 친정을 떠난 것을 눈치챘다. 그는 친한 IS 간부에게 위다드에 관해 거짓 내용을 신고했고, 이런 끔찍한 상황이 일어났다.

친척들이 와합에게 이 소식을 알려 왔다. 절대 돌아와서는 안 된다는 당부의 말과 함께. 와합네 가족이 탈출한 사실이 IS에게 알려진 이상, 이제 락까로 돌아갈 수는 없다. 무슨 일이 있어도 국경을 넘어야 한다.

가족이 락까의 집을 떠난 지 벌써 20일가량 되었다. "우리를 포함해 다른 지인들에게 돈을 빌려서라도 일단은 가족을 탈출시키자"고 친구들이 와합에게 말했다. 하지만 신중한 와합은 머뭇거렸다.

그럼 아예 후원금을 모금해 보자고 하니 더 난색을 표한다. 와합 주변에는 도움의 손길을 줄 지인이 많다. 그들 중 몇 명에게만 도움을 청해 봐도 되련만.

헬프시리아 사무국장이라는 위치 때문일 것이다. 시리아 난민을 도와 달라는 말은 전혀 주저하지 않는 그였지만, 정작 자신이나 가족을 위한 경제적 도움은 개인적으로라도 전혀 요청한 적이 없다. 아니 못하고 있다는 것이 더 맞는 표현일 거다. 이런 점이 안타깝던 나는 결국 볼멘소리를 했다.

"와합, 이래서 활동을 하면서 가끔씩 회의를 느껴. 헬프시리아 모금액 중에서 단 1원도 네 가족을 돕는 데는 쓸 수 없어. 다른 시리아인은 도울 수 있지만 그건 어렵지. 그것까진 생각지도 않아. 그런데 문제는 헬프시리아 때문에 가족을 도와 달라고 개인적으로 부탁하는 것조차 조심스럽잖아. 내가 너라면, 그리고 이런 상황을 맞는다면 헬프시리아 활동이 무의미하게 느껴질 것 같아. 당장 그만둘 것 같아. 그럼 사람들에게 도와 달라고 말하기도 쉬울 거 아냐."

답답한 마음에 도움도 안 되는 말을 그만 내뱉어 버렸다. 와합은 말이 없었다. 이런저런 의논 끝에 결국 다들 조금만 더 기다려 보기로 결론을 내렸다.

뜻밖의 후원자와 따뜻한 크리스마스

친구들은 와합을 뒤로하고 다시 의논하기 시작했다.

"더 이상 기다려서는 안 될 것 같아요. 와합에게 우선은 알리지 말고 우리끼리 모금을 해 볼까요? '1004 운동'인데요. 1인당 기본 1만 원씩 1000명의 사람에게 부탁하는 거예요." 추진력이 강한 친구가 제안을 했다.

"그거 괜찮네요. 특정인 몇 명에게 큰돈을 후원받는 게 아니니까, 주는 입장이나 받는 입장 모두 부담이 없잖아요."

"와합이 사무국장 위치 때문에 부담스러워하니 공개적으로는 하지 말고, 개인적으로 각자 친구와 지인 들에게 부탁해요. 공통으로 보낼 문자는 제가 작성할게요."

그러나 안타깝게도 소수의 활동만으로는 효과가 크지 않았다.

오히려 속상한 소식이 들렸다. 한 친구가 사람들에게 영향력 있는 지인에게 부탁을 했다. 그러자 그분이 헬프시리아 홈페이지를 보고 "쌓인 모금액이 상당하던데 그런 모금액을 두고서는 왜 개인적으로 후원을 부탁하냐"고 했단다.

억울했다. 활동을 하다 보면 이따금 모금액을 와합이 개인적으로 운영할 수 있는 돈처럼 생각하거나, 헬프시리아에 내는 성금을 와합을 돕는 일처럼 생각하는 사람들을 만날 때가 있다.

그러나 헬프시리아는 작고 영세하지만 엄연한 비영리 NGO 단체다. 운영 위원들도 있고 대표도 따로 있다. 다들 본업이 있어서 여기에 에너지를 다 쏟을 순 없으므로, 주로 와합이 그때그때 자원 봉사자들과 함께 활동을 한다.

그러다 보니 와합이 보수도 없이 직원처럼 일할 수밖에 없었고, 헬프시리아 때문에 정작 자신의 일을 돌보지 못할 때가 많았다. 학업, 구직, 가족 일 등 본인도 개인적인 문제가 한두 가지가 아닌데, 늘 헬프시리아 일로 고민하고 바빴다. 친한 친구들 입장에서는 안타까울 뿐이다. 그러나 시리아 상황이 점점 악화되고, 그걸 손 놓고 보고 있을 수만은 없을 와합의 마음을 알기에 다들 아무 말 못하고 함께해 왔다.

하지만 지금 같은 상황에 이르니 본인을 희생하며 와합이 해온 활동들이 허무해 보이기까지 했다. 그래서 지난번에 참지 못하고 볼멘 목소리를 냈던 건데…… 이런 이야기까지 듣다니, 보고 있는 나까지 와합인 양 억울했다.

그즈음이었다. SNS에 와합의 긴 글이 올라왔다.

마음이 많이 힘들었는지, 자신의 개인적인 상황과 심정을 써서 올렸다. 소식을 궁금해하는 많은 친구와 지인에게 근황을 알리거나, 상황이 너무 힘들어 기도를 부탁할 때, 그는 가끔씩 긴 글을 올리곤 했다.

와합은 가족이 고생하고 있는데 자신만 한국에서 안전하고 따뜻하게 지내고 있는 것이 부끄럽고 속상하다고 했다. 그동안 난민들을 열심히 도와 왔는데 정작 가족은 구할 수가 없으니 너무나 답답하고 화가 난다고도 했다.

와합의 글을 읽고서야 나는, 가족이 행방불명된 일주일 동안 어떤 일을 겪었는지 구체적으로 알게 되었다. 와합은 당시 가족에게서 연락을 받는 대로 즉시 그 소식을 친구들에게 알리기는 했지만, 그들이 어떤 경험을 했는지는 자세히 말해 주지 않았다. 친구들을 안심시키려는 목적이기도 했거니와 바로 전하기에는 너무 가슴 아픈 이야기였기 때문이었을 거다.

더 이상 와합과 그 가족을 고통 속에 놓아두고 싶지 않았다. 와합에게 빌려줄 수 있는 금액이 어느 정도일까를 생각하고 있을 때였다.

갑자기 와합으로부터 문자가 왔다.

너무 이상한 일이 생겼다고. 1000만 원이 들어왔단다! 이게 무슨 소리지?

와합이 SNS에 글을 올린 지 이틀쯤 지났을까. 낯선 이로부터 문자가 왔다. 그는 별 이야기 없이 다짜고짜 통장 번호를 알려 달라고 했다. 처음에는 당황해서 왜 그러냐고 물었지만 자꾸 계속되는 요청에 일단 알려 줬다.

그러자 그 사람이 대뜸 통장으로 1000만 원을 입금해 버렸다. 자신도 젊은 시절에는 많이 힘들었지만 열심히 살다 보면 괜찮아지더라고, 힘을 내라는 문자도 보내왔다. 그냥 보내는 거니 부담 갖지 말라는 말도 함께.

마치 동화책에서나 일어날 법한 이야기. 삭막한 현대인인 내게 의심부터 드는 건 어쩔 수 없는 일이었다. 그러나 세상에는 웅숭깊은 마음의 그릇을 가지고 남들과 다른 방식의 삶을 살아가는 사람도 있지 않은가.

하지만 조심해야 한다. 전에 조금이라도 알고 있던 사람이냐 어떤 사람이냐 열심히 물었지만, 와합 역시 그 사람이 한국인이고 SNS상의 친구 관계라는 것 외에는 아는 것이 없었다. 더구나 평소 댓글을 달던 친구도 아니란다.

와합은 친구들에게 그 사람과의 문자 대화를 캡처해서 보냈다. 대화가 짧아 제대로 파악할 수는 없었다. 그러나 수상한 느낌은 들지 않았다. 왠지 '지금도 그리 큰 부자는 아닌 듯싶다'는 생각도 들고.

친구들이 다시 의논에 들어갔다. 돈이 필요한 건 사실이나 이 상황은 머리가 아팠다. 와합이 거절은 했지만 이미 돈이 들어왔다. 돌려줘야 하는데 상대방의 선의를 의심하는 티를 팍팍 내면서, 막무가내로 "돌려줄 테니 계좌 번호를 알려 달라"는 방식으로 할 수는 없고.

결국 이 돈으로 우선 급한 불부터 끄고, 빠른 시일 내에 친구들에게 돈을 빌려 다시 돌려주기로 했다. 그리고 이 사람을 만나 보기로 했다. 어떤 사람인지 만나 보면 조금은 파악이 되지 않을까.

돈의 힘은 무서웠다!

바로 다음 날 오후였다. 와합 가족이 출발할 거라는 소식이 들려왔다. 그런데 채 몇 시간도 되지 않아서 문자가 왔다. 가족이 무사히 국경을 건넜단다!

너무 기쁘다 못해 허탈한 마음까지 들었다. 아니 이렇게 빨리! 쉽게! 해결될 수 있는 일이었는데, 그리 힘들고 애타는 시간을 보내야 했었나. 돈 1000만 원의 힘이 이리도 크단 말인가.

나중에 동생은 내게 이렇게 말했다.

"언니는 그렇게 생각해? 난 돈 문제보다 '그런 방법이나마 있어서 다행이었구나' 싶었는데…… 그렇지 않았다면 1000만 원 아니라 더 큰돈이 있더라도 불가능했겠지. 목숨이 달린 문제였어도."

그런 건가. 돈이라도 통해서 다행이라고 생각해야 하나. 기분이 묘했다.

가족 모두가 다시 만난 날은 성탄절을 이틀 앞둔 23일. 금요일이었다. 와합네 가족 일로 춥고 매섭게만 느껴지던 겨울의 공기는, 성탄절을 앞두고 따뜻하게 바뀌었다. 와합은 가족이 상봉하는 영상을 보내 주었다. 만나서 서로 끌어안으며 볼에 입을 맞추고, 눈물을 흘리고……. 나도 함께 따스한 눈물을 조용히 흘렸다. 가족의 만남은 하나님의 아름다운 선물 같았다.

와합의 부탁대로, 나는 가족 소식을 담은 감사의 글을 '1004 운동'을 했던 채팅방 곳곳에 크리스마스 선물 나르듯이 보냈다.

참! 그 1000만 원의 후원자가 정말 천사였는지, 아니면 사기꾼이나 위험한 사람은 아니었는지 궁금할 것이다. 가족 일이 안정을 찾은 후에 와합은 바로 그분을 만났다. 인물 탐색(?)을 위해 친구들이 같이 가기로 했지만, 다들 사정이 생겨서 결국 와합 혼자 만났다.

처음에는 와합이 만나자고 했을 때 자꾸 피했다고 한다. 시간이 흘러 그분과 친해진 뒤에 친구들이 이유를 물어보았다.

"모르는 사람을 도와준 뒤에 그 사람을 만나면, 도움을 베풀었다는 사실이 자꾸 떠오를 것 같으니까요. 그냥 조용히 도와주고, 나도 잊어버리고 싶었어요."

그러면서 그분은 친구인 우리가 그 돈의 존재를 알고 있는 것에도 꽤나 당혹스러워했다.

그 천사는 인류애가 넘치는 선량한 보통 사람이었다. 문자를 보고 내가 예상했던 대로 큰 부자도 아니었다. 남을 잘 돕는 많은 사람이 그렇듯이, 본인은 매우 검소하면서도 선한 일에는 적극적이고 대범하게 돈을 쓰는 사람이었다.

그리고 현재, 그 천사 역시 와합의 절친한 친구가 되어 와합을 든든하게 응원해 주고 있다.

폭설 속에 태어난 조카

가족의 탈출과 관련된 2016년도의 이야기가 아직 하나 더 남았다. 무사히 태어나서 존재만으로도 사랑스러운 둘째 조카 호빵이(이브라힘)의 탄생에 관한 이야기다.

터키에서 난민으로 등록한 위다드는 산부인과를 다니기 시작했다. 의사는 위다드가 막달임을 이야기했을 때 크게 놀라며 태아가 4~5개월 정도 크기로밖에 보이지 않는다고 했다. 아기가 생긴 지 2개월쯤 되었을 때 위다드는 남편에게 배신을 당했다. 게다가 락까의 상황도 더없이 나빠질 때라서 영양가 있는 음식을 제대로 먹을 수가 없었다. 정신적으로나 외부 환경적으로나 임신부에게 최악의 상황이었다. 더구나 시리아를 탈출하면서 일주일 가까이 굶기도 했고, 그 후 계속되는 탈출 실패로 제대로 음식 섭취를 못했다. 우리는 태아의 건강에 이상이 있을까 봐 걱정이 되었다.

그런데 문제는 그것만이 아니었다. 예전에 잠시 남편을 따라 위다드가 터키의 샨르우르파에서 살았던 것이 병원을 갈 때마다 매번 서류상 문제를 일으켰다. 이대로라면 개인 병원에서만 출산이 가능하여 병원비로 큰돈을 지불해야 하고, 출생 신고도 할 수 없단다. 병원에선 샨르우르파로 가서 신고를 하고 이즈미르에 다시 정착 신고서를 내라고 했다.

병원 갈 때마다 벌이는 실랑이로 스트레스를 받겠지만 조금만 참고, 출산 비용은 신경 쓰지 말라고 와합은 당부했다. 하지만 며칠 후 위다드는 남동생인 사미르를 데리고 샨르우르파로 출발했다. 터키 서부 끝에 있는 이즈미르에서 남동부의 시리아 국경 근처 샨르우르파까지는 장거리 버스를 타고 열일곱 시간가량을 가야 한다. 그럼에도 위다드가 이 큰 모험을 감행한 것은 비싼 출산 비용으로 오빠에게 부담을 주고 싶지 않아서였을 게 분명했다.

그런데 하필 그들이 출발한 날, 터키에 폭설이 내렸다!

출발 후 내린 폭설로 무려 24시간 동안 버스 안에 꼼짝없이 갇혀서 가야 했다. 사미르는 너무 두려워서 와합에게 계속 연락을 했으나 8000킬로미터가량 떨어진 한국에 있는 와합이 무엇을 해 줄 수 있겠는가.

다음 날 오후, 버스에서 내려 숙소로 갔다. 그런데 바로 그

새벽. 진통이 왔다! 다급히 병원으로 갔다. 다음 날 아침 아기는 무사히 태어났다. 새해를 바로 코앞에 둔 12월 31일이었다. 소식을 듣고 다들 얼마나 가슴을 쓸어내렸는지. 5일간의 새해 연휴 전에 태어난 것도 나름 다행스러운 일이었다. 모두들 입을 모아 아기가 효자라고 했다.

그러나 산후조리 문제가 남아 있었다. 가엾은 위다드. 시리아를 무사히 탈출하여 어머니의 보살핌 아래 산후조리를 할 줄 알았는데……

이번에도 먼 한국에 있는 오빠의 활약이 시작되었다. 와합은 샨르우르파에 있는 시리아 활동가들을 통해 산후조리를 할집을 알아보기 시작했다. 집을 찾은 뒤에 어머니를 부를 생각이었다. 감사하게도 도와주겠다는 곳이 무려 세 집이나 나타났다. 놀라웠다. 그들은 모두 자기 삶을 챙기는 것만도 벅찰 난민들이었다.

세 집 모두 서로 도와주겠다고 나서서, 오히려 부탁하는 처지에서 집을 고르는 입장이 되었다. 이왕이면 산모가 편할 수 있도록 조금이라도 상황이 나은 집을 선택하고 싶었으나, 그렇다고 일일이 물어볼 수도 없는 일. 결국 어머니와 딸, 단둘이 살고 있는 집을 선택했다. 와합의 어머니는 오지 않고 그 모녀가 위다드의 산후조리를 돌봐 주기로 했다.

그런데 안타깝게도 집이 너무 추웠다. 그럴 만도 하지. 언젠가 터키 국경 근처에 사는 시리아 난민들의 집을 방송에서 본 적이 있다. 참 초라했다. 집에 따라 상황이 다르기는 했지만 대부분은 이름만 집이었다. 별다른 내부 시설이 없고, 외벽과 지붕만을 갖춰서 겨우 바람을 막아 주는 공간만 만든 것처럼 보였다.

며칠만 쉬고 산모가 몸을 추스르는 대로 이즈미르로 돌아가려 했다. 그런데 이번엔 이 모든 일의 발단인 서류 발급이 발목을 붙잡았다. 관공서는 불친절했다. 기약도 없이 무작정 기다려야만 했다. 답답해진 와합이 또 이리저리 백방으로 알아본 끝에, 지난번 터키로 구호 활동을 갔을 때 알게 된 구호 단체의 인맥을 통해 겨우 서류를 발급받았다.

이 모든 과정을 보면서 깨달은 바가 있다. 그동안 나는 헬프시리아 활동 때문에 와합이 개인적으로 잃는 것이 너무 많다고만 생각했다. 하지만 내 생각이 틀렸다. 만약 와합이 헬프시리아 활동을 하지 않았더라면 어떻게 이런 도움들을 받을 수 있었을까?

서류를 받은 다음 날, 위다드와 사미르는 아기와 함께 국내선 비행기를 타고 이즈미르로 무사히 돌아왔다.

"뭐? 그렇게 갓 태어난 아기를 비행기에 태워도 돼?"

내가 놀라서 묻자, 와합은 자신도 황당하다는 듯이 답했다. 나와 똑같은, 위다드의 염려 어린 질문에, 터키 의사가 너무나 당연하다는 듯이 "그게 뭐가 문제냐"고 대답했다고.

미소가 번지는 시리아 문화 이야기

타국에서 어려운 생활을 하면서도 시리아 난민들은 여전히 따뜻한 시리아 문화를 지키고 있습니다. 얼마 전 이집트에서 어느 시리아인이 운영하는 식당이 "이웃집 식당이 오늘 개업하여, 개업 축하로 우리 식당은 오늘 영업 안 합니다"라는 현수막을 내걸어 네티즌 사이에서 화제가 된 적이 있습니다.

이 내용은 아랍의 언론에서도 화제가 되었지만, 시리아 사람들에게는 특별히 신기한 일이 아닌, 매우 자연스러운 일입니다. 시리아에서는 새로 가게가 문을 열 때 같은 분야의 이웃 가게들이 1~3일 정도(어떤 가게는 일주일) 개업 축하 의미로 휴업을 합니다. 설령 서로 사이가 안 좋더라도, 이웃에게는 잘해야 한다는 시리아 상인 문화가 있습니다. 다행히 이 문화가 아직까지 남아 낯선 외국 땅에서도 시리아 상인들이 그 문화를 지키고 있는 것을 보고 참 자랑스러웠습니다.

시리아에서 상인들은 아침에 가게 문을 열면 문 옆에 작은 나무 의자를 놓아두고 영업 준비를 합니다. 첫 번째 손님이 와서 물품을 구입하고 가면, 주인은 그 의자를 가게 안으로 밀어 넣지요.

그러다가 두 번째 손님이 와서 사고 싶은 물건을 말하면, 상인은 가게를 나와서 주변 가게를 확인합니다. 아직 의자가 문 옆에 남아 있는 가게가 있다면, 손님이 원하는 물건을 보유하고 있더라도 판매하지 않고 동종의 이웃 가게로 안내합니다. "저기 가게가 보이죠? 저 가게에 가면 손님이 원하는 물건을 찾을 수 있어요" 하고 말이죠.

시장에 있는 모든 상인이 '첫 판매'를 해서 문 옆에 있는 의자가 모두 사라질 때까지 상인들은 이런 방식으로 양보합니다. 그러고 난 후에야 일상 영업을 개시하는 거죠. "이웃이 잘살아야 나도 잘살 수 있다"는 아랍 속담이 있는데, 상인들은 속담처럼 서로 도우며 공정하게 경쟁하는 겁니다.

시리아 상인들은 보통 지역 내 동종 업계 상인으로 구성된 협회와 업종 관계없이 같은 시장 내 상인으로 구성된 협회에 소속되어 있습니다. 상인들은 이들 협회를 통해 빈번하게 교류하고 상호 협력합니다. 만약 어떤 가게에 어려움이 있거나 장사가 안 되면, 동종 상인 협회에 스스로 문의해서 도움을 얻기도 하지만, 이웃 가게 상인들이 먼저 자발적으로 찾아와서 문제를 파악하고 지원해 주기도 합니다.

시리아에서는 온라인 쇼핑이나 신용 카드 사용이 원활하지 않아서, 사람들이 주로 현금으로 동네 가게를 이용합니다. 현금이 부족할 때는 필요한 물건을 신용으로 구입하지요. 모든 물건을 외상으로 구매했다가 매달 월급일이 될 때마다, 혹은 농부들의 경우 수확 후에 한꺼번에 돈을 갚는 일이 빈번합니다. 설령 외상이 많이 밀려 있어도 상인들은 계속 물건을 줍니다. 상대방이 어려운 처지일 수도 있으니까요.

그리고 선행을 베풀고 싶은 사람들은 가게에 가서 가난한 사람 대신 외상 장부에 적혀 있는 밀린 빚을 몰래 갚아 줍니다. 도움을 받는 사람이 부담을 느끼지 않고 자존심이 상하지 않도록 비밀리에 어려운 사람을 돕는 거죠.

시리아 사람에게 길을 물으면 친절하게 알려 줍니다. 많은 경우 사람들은 가던 길을 멈추고 같이 걸어서 데려다 줍니다. 물어본 사람이 부담스러울까 봐 "마침 나도 그곳에 가는 길"이라고 말하면서 말이죠. 가게 주인들도 잠깐 가게 문을 닫고 데려다 주는 경우가 많습니다. 가끔은 택시로 태워다 주고는 택시비도 자기들이 냅니다. 저의 친한 벗이며 시리아를 사랑하는 한국인 촬영감독 겸 여행 작가, 박 로드리고 세희 씨의 글에서도 이런 상황을 만날 수 있습니다.

"시리아 사람들에게 길을 물으면 그들은 가던 길을 멈추고 몇 블록을 나와 함께 걸어 목적지에 데려다 주었다. 그러고는 악수 한 번 딱 나누고는, 생색내는 법도 없이 자기 갈 길로 돌아가는 것이었다. 멀어져 가는 그들의 뒤통수를 바라보며 나는 어리둥절할 수밖에 없었다. 사람들이 나를 데려다 주는 것이 하도 미안해서 나중에는 꾀를 내었다. 길 가던 사람에게는 길을 묻지 않는 것이었다. 대신에 가게 주인에게 물었다. 가게를 지켜야 하니 나를 데려다 주지 못하리라. 그러나 가게 주인들도 설명이 좀 어렵다 싶으면, 아예 가게 문을 걸어 잠그고 나를 데려다 주었다. 가끔은 택시를 불러 데려다 주기도 했었다. 나를 목적지에 내려 주면 그들은 그대로 택시를 타고 돌아갔다. 그런 경우에도 내가 택시비를 낼 수 없었다. 택시 기사가 내 돈은 아예 받지를 않았으니까." (《아트래블Artravel》(Vol.40),

2019년 3월호, 'The Review : 영화와 여행과 그들의 삶 사이에')

시리아 사람들은 평소에도 친절하게 길 안내를 하지만 외국인에게는 더욱 친절합니다. "처음 온 사람은 눈이 있어도 맹인"이라는 아랍어 속담이 있어서 그런지 낯선 사람들에게 더 친절하게 대하는 걸 확인할 수 있습니다.

시리아 사람들의 이웃 관계는 밀접하고 끈끈합니다. 시리아에서는 이사할 때 이삿짐센터를 잘 이용하지 않는데, 이웃들이 자발적으로 도와주기 때문입니다. 일손이 부족해 보이면 길거리에 지나가던 사람이 도와주기도 합니다. 이사 나갈 때에는 이웃들이 잘 가라고 인사하며 작은 선물을 줍니다. 이사를 들어올 때는 새 이웃들이 또 인사하며 환영의 선물을 줍니다. 새 집에 도착하여 정리하고 정착할 때까지 며칠 동안, 새 이웃들이 (가까운 집부터 순서대로) 돌아가며 집으로 초대해 음식을 대접하고 도와줍니다. 자연스럽게 음식을 나누어 먹으며 새 이웃과 친해지고 가족처럼 따뜻하게 지내게 되죠.

결혼할 때는 결혼식 일주일 전부터 잔치를 하는데 날짜가 가까워질수록 잔치 규모가 커집니다. 이웃들은 별다른 초대가 없어도 결혼식에 낭연히 참석합니다. 이뿐만 아니라 결혼식 준비부터 결혼식 뒷정리까지 자신의 잔치를 하듯 도와줍니다. 이런 문화는 큰 도시에서는 갈수록 사라지고 있지만 작은 도시나 시골에서는 여전히 계속되고 있습니다.

명절에는 한국처럼 일가가 큰집에 모여서 즐겁게 보냅니다. 아침 일찍 이슬람 사원이나 교회에 가서 기도하고 동네에 있는 묘지를 방문합니다. 동네 남자들은 다 함께 최근에 장례식을 치렀던 동네 집들을 순서대로 방문합니다. 명절 과자를 먹으며 짧고 빠르게 인사하며 다니죠. 이후에는 환자나 힘든 이가 있는 집들을 방문합니다. 슬픈 일을 겪은 이웃을 위로하고 아프거나 힘겨운 이웃이 소외되지 않도록 챙긴 후, 점심쯤에는 큰집에 모여서 점심 식사를 하면서 가족과 어울립니다.

아랍 문학에서 시리아는 재스민의 나라입니다. 그래서 시리아 사람을 재스민 향이 나는 사람으로 표현하기도 합니다. 아랍 문화에서 재스민 꽃은 고귀함과 유구함을 의미합니다. 피란 간 땅에서도 시리아 사람들이 깊은 역사와 문화의 재스민 향기를 내며 아름다운 모습으로 지내다가, 안전해진 고향으로 하루빨리 돌아가서 서로 화해하고, 사랑하고, 불타는 그리움으로 포옹했으면 합니다.

6장

그들을 만나고 나서

농담처럼 시작된 터키 여행

2017년 여름, 갑작스럽게 터키로 여행을 갔다. 계획이 있었던 것도 아니었다. 순전히 동생이 재미 삼아 검색하다 발견한 비행기표 때문이었다.

"우와! 언니. 터키행 비행기표 진짜 싸다! 터키 가자."

"그래? 그럴까……."

반 농담으로 한 말에 농담처럼 한 대답이었는데 말을 주고받다 보니 진짜 가게 돼 버렸다. 후배 명까지 함께.

그런데 마침 와합도 다른 NGO 단체랑 터키에서 활동이 계획되어 있었다. 의논 끝에 와합은 본래 스케줄보다 조금 더 일찍 우리와 함께 터키로 출발하기로 했다.

'와…… 정말로 와합네 집을 가 보게 되네.'

손님을 환대하는 이슬람 특유의 문화 때문일까. 와합을 알게 된 후 2~3년 동안은 계속 집 초대 노래(?)를 들어야 했다. 집 앞 유프라테스강에 가서 수영하고 낚시도 하고, 강가에서 여러 가지 고기와 채소로 바비큐도 해서 먹고, 호박만큼 크고 꿀처럼 단 수박도 매일 1인 1통씩 먹고, 갓 잡은 신선한 양고기도 구워 먹고, 아랍 전통 옷을 입고 춤도 배워 보고, 근처 유명한 유적지도 찾아가고…….

그러나 전쟁이 예상치 못하게 길어지자, 그의 입에서 시리아 집 초대 노래는 어느샌가 쓸쓸히 자취를 감추었다. 대신 가족이 터키에 정착하게 되자 이번에는 터키로 친구들을 초대하고 싶어 했다. 와합의 친한 친구 중 몇몇은 다른 일과 병행해서 이미 방문하기도 했다.

그런데 이번에는 나와 동생과 명이 와합의 집에 가게 된 것이다. "그래 한번 가자"라고 얘기는 해 왔지만, 이렇게 갑작스레 가게 될 줄이야. 일주일 정도를 이즈미르에서 머물며 '터키에서 생활하기'를 한번 실행해 보기로 했다.

이즈미르는 터키에서 이스탄불과 앙카라에 이어 세 번째로 큰 도시다. 관광지로는 그리 알려지지 않았지만, 싼 물가와 터키에서의 일상을 경험할 수 있다며 이즈미르를 칭찬한 글이 인터넷에 가끔씩 보였다. '생활하기'를 경험하기에는 아주 적합한 곳! 기뻤다.

열한 시간의 비행을 거쳐 이스탄불로, 그다음 또 이즈미르까지 한 시간가량 국내선을 탔다. 도착하니 뉘엿뉘엿 해가 지고 있었다. 드디어 공항 게이트를 나갔을 때였다.

세상에나!

전혀 예상치 못했던 환영객들이 우리를 기다리고 있었다.

"Welcom to our home ^_____^ Kim Hyejin 김혜진"

종이를 한 장씩 들고서는 환하게 웃고 있는 네 명의 미남들. 종이마다 우리 개인의 사진과 한글, 영문 이름이 쓰여 있었다. 영어와 아랍어로 된 환영 글귀도.

조카 페드르와 세 명의 남동생들이었다. 아니, 언제 우리 사진을 받은 거지? 동생들 요청에 와합이 출발 전 사진을 미리 보내 놓았다고 한다.

늦을 것 같으니 나오지 말라고 이스탄불 공항에서 거듭 당부했건만, 이렇게 멋진 깜짝 환영식이라니! 국내선이 예고도 없이 40분 가까이 지연 이륙을 했고, 짐까지 찾느라 한참 걸렸는데. 이즈미르 공항에는 무료 와이파이가 없어서 전화를 할 수도 없었다. 동생들은 밖에서 무작정 우리가 나오기를 기다려야만 했을 거다.

한 시간이 넘게 기다렸단다. 조카 페드르가 "언제 나올지 모르니 절대 앉아서 기다리면 안 된다고 했어요. 그래서 계속 서서 기다렸어요"라며 와합에게 쫑알쫑알 이른다. 작은 외삼촌들이 어린 조카에게 장난을 쳤던 모양이다.

와합네 집에 도착하자 가족이 모두 나와 반갑게 맞아 주었다. 어머니와 여동생들은 따뜻한 포옹을 해 주었다. 사진으로 워낙 많이 봐서일까, 예전부터 알던 사이 같았다.

몇 달 전 이사 온 집은 다행히 우리가 머물기에 충분했다. 가족이 모두 터키로 나오자, 예전 집의 크기에서는 열 명의 대가족이 살기 어려웠다. '힘든 집 구하기를 또 해야 하나' 와합의 걱정이 깊어질 때쯤, 갑자기 예상치 못한 지인이 나타나 지금의 집을 빌려주었다.

인사를 마치고 나자 밤 열 시가 훌쩍 넘은 시간이었다. 가족은 서둘러 저녁 식사를 차리기 시작했다. 저녁 식사를 안 하고 우리를 기다리고 있었던 듯. 거실 카펫 위에 꽃무늬 식탁보가 깔리고 식기들이 가지런히 놓였다. 음식이 차례로 나오고 다들 둥그렇게 모여 앉았다.

난감했다. 밤늦은 시간이었고 이미 저녁을 먹었다. 더구나 이즈미르로 오는 국내선에서 제공된 치즈 빵까지 먹은 후였다. 공항의 에어컨을 벗어나니 조금 덥기도 했다. 와합의 집에는 에어컨이 없었다. 작은 선풍기만 한 대 있었다. 두 대였는데 며칠 전에 한 대가 고장 났단다.

얼마 전까지 40도를 훌쩍 뛰어넘는 어마어마한 더위였다던데 어찌 버텼을까? 이제 나도 적응해야 할 더위였다. 아무튼 배도 부르고 덥기까지 해서 한 입도 들어가지 않을 것 같았다. 그러나 예의로라도 열심히 먹어야지 다짐했다.

어쩔 수 없이 숟가락을 들었다. 그런데 웬걸, 막상 음식이 입으로 들어가니 입맛이 살아나기 시작했다. 오이가 담긴 시원한 수제 요거트는 더위를 가시게 했다. 채소와 과일도 신선하고 달았다. 간 양고기와 감자, 토마토를 오븐에 구워서 만든 메인 요리는 자꾸만 손이 갔다. 예전에 락까 집에 초대받아 머물렀던 친구들이 했던 말처럼 와합 어머니의 요리 솜씨는 역시 뛰어났다. 결국 '배부른데 어쩌냐'는 식사 전 당혹스러운 눈짓과 속삭임이 서로 무색할 정도로 다들 그 늦은 시간에 알차게 식사를 했다.

담소를 조금 나누다 보니 도저히 몰려오는 졸음을 참을 수가 없었다. 우리가 지낼 방으로 갔다. 남동생들이 지내던 방이라는데, 소도구들을 어디로 치워 놓았는지 깨끗이 정리되어 있었다. 침대 세 개만 가지런히 놓여 있는 모습이 꼭 정갈한 숙박 시설을 보는 듯했다. 남동생들은 모두 거실로 쫓겨나서 잠자리를 펼쳤다. 그러나 전혀 개의치 않는 표정들이었다. 미안했지만, 덕분에 비교적 편안한 마음으로 잠자리에 들 수 있었다.

조금 더우니 창문을 열고 옷을 가볍게 입고 자야겠다고 생각할 때였다. 방문이 빼꼼 열렸다. 여동생 한 명이 미소를 지으며 선풍기를 방으로 들이민다. 아니 방을 뺏은 것도 미안한데 한 대뿐인 귀한 선풍기를 주다니! 바깥과 연결되어 창문을 열기 어려운 거실에서 쓰는 게 맞다. 아랍어를 못하니 손짓 발짓 하며 거절했다. 그러나 와합까지 와서 "누나들이 사용해야 한다"

며 밀어 넣는 바람에 귀한 선풍기는 우리 차지가 되고 말았다.

'오뉴월 손님은 호랑이보다도 무섭다는데. 아무리 와합이 강력하게 초대했다지만, 우리가 너무 뻔뻔했나.'

선풍기를 받고 나니 드는 생각이었다. 그러나 생각도 잠시, 물밀듯이 잠이 몰려왔다. 게다가 쾌적하고 편안한 잠자리가 몸에 닿으니 눈을 감자마자 스르르 잠들어 버렸다.

결국 뻔뻔한 우리는 '터키에서 생활하기'를 온전히 와합네집에서 했다. 손님이 아닌 가족으로. 도착 전에는, 폐가 되거나 불편하면 하루 정도만 예의상 머물자고 했다. 이즈미르에는 숙소도 많고 가격도 싸니까. 그러나 와합네 가족은 너무나 자연스럽고 편안하게 우리를 한 가족처럼 맞아 주었다. 우리도 스며들듯이 와합네 가족의 일원이 되어 지냈다. 그간 말로만 들어왔던, 시리아의 따뜻한 환대 문화를 몸소 경험한 날들이었다.

와합 가족과 함께한 여름

와합의 가족은 난민이다. 그러나 지내는 동안 나는 그들이 난민이라는 사실을 떠올린 적이 별로 없다. 그만큼 웃음이 많고 유쾌했다. 다정하고 유머 감각이 넘쳤다. 아마도 '난민은 불쌍한 사람'이라는 편견이 내게도 있었나 보다.

나에게 이즈미르에서의 시간은 난민을 만난 시간이 아닌, 그저 '친구의 친절한 가족과 함께한 아름답고 행복한 여름날'일 뿐이다. 난민이 되었지만 여전히 평범하면서도 소중한 삶을 살고 있는 이들과 같이한 시간.

그러나 안타깝게도 외부 환경에서 기인하여 벌어진 몇몇 사건으로, 우리는 와합네 가족이 난민이라는 사실을 결국 인식할 수밖에 없었다. 우리 일행이 머무는 동안 와합 어머니의 시리아에 계신 언니가 돌아가셨다는 소식을 받았다. 어머니와 여동생들은 저녁 내내 눈물을 흘렸다. 늘 활달하고 웃음이 많은 어머니의 애통한 울음소리에 객식구인 우리까지 눈물이 났다. 시리아에 갈 수 없는 친척들이 모여 터키 데니즐리(Denizli)에서 추도식을 한다고 했다.

부모님이 급히 버스를 타고 이즈미르에서 세 시간쯤 떨어진 데니즐리로 가려고 할 때였다. 그런데 난민은 사전에 신고를 하지 않으면 다른 지방으로 가지 못한다는 게 아닌가! 최소 며칠을 기다려야 하고, 그나마도 허락해 주지 않는 경우가 많다고 했다.

가족 안에서 동요가 일었고 방법을 찾느라 한바탕 소란스러웠다. 결국 와합이 수소문하여, 허가증을 보지 않고 검문소를 피해 가는 버스가 있는 것을 알아냈다. 다행히 부모님은 무사히 출발하셨다. 그러나 이동의 자유를 제한당하고 차별받는 현실은 가족에게 상처가 되었다. 그제야 내게도 그들을 둘러싼 난민이라는 굴레가 보였다.

그뿐만이 아니었다. 우리는 선풍기를 독차지한 것이 미안해서 선풍기를 선물할 테니 어서 새 선풍기를 사라고 와합을 계속 독촉했다. 우리의 계속된 독촉에 못 이겨 와합과 남동생들이 나가서 선풍기를 살 때 사건이 터졌다. 가전제품점의 주인이 시리아인에게는 물건을 팔지 않겠다고 소리를 지르며 나가라고 했다는 거였다. 터키어를 모르는 와합은 처음에는 영문을 몰랐다. 와합이 나설 새도 없이, 함께 따라갔던 레바논 출신 터키인인 이웃 아주머니가 맞서 소리 지르고 대신 싸우는 바람에, 싸움을 말리고 모시고 오는 것으로 결국 사건은 마무리됐다. 그러나 이야기를 전하는 와합의 표정이 너무 암울해 보여서 나는 제대로 된 위로도 할 수가 없었다.

돌이켜 보면, 터키에서 가족이 처음 집을 구할 때도 무려 다섯 달 가까이 걸렸다. 시리아인에게는 집을 빌려주려 하지 않았기 때문이다. 집주인들은 한국식 패션을 한 와합이 시리아인인 것을 몰랐을 때에는 반갑게 집을 보여 주려 했다. 그러나 시리아인이라는 것을 밝히는 순간 얼굴을 바꾸곤 했다. 아니면 터무니없이 비싼 월세를 불렀다.

물론 그런 터키인만 있는 것은 아니었다. 페툴라 씨는 와합이 한국에서 만난 친구였다. 한국에서 10년을 살았다. 한국에서 지낼 때는 와합과 그리 가까운 사이가 아니었음에도 그는 와합네 가족을 열심히 도와주었다.

2015년, 탈출한 가족을 놓아두고 와합이 한국으로 급히 돌아와야 했을 때도 흔쾌히 가족을 맡아 주고 5개월 동안 머물게 해 주었다. 다행히 집은 싱글인 페툴라 씨가 혼자 살기에는 꽤 넓었고, 와합과 페툴라 씨를 포함하여 아홉 명이 머물기에도 넉넉했다. 그러나 와합과 가족들은 점점 초조해졌다. 페툴라 씨가 눈치를 주거나 불편한 기색을 보이는 일은 일절 없었지만, 너무 민망하고 미안했기 때문이다.

학기가 끝나자마자 다시 터키로 간 와합은 열심히 집을 찾았다. 초기에는 페툴라 씨나 다른 친구들과 함께 집을 알아보았지만 나중에는 미안해서 혼자 다녔다. 배를 타고 이즈미르 북쪽과 남쪽을 부지런히 오갔다. 배운 적 없는 터키어를 다급하게 익혀 열심히 발품을 팔았으나 매번 허탕이었다.

마지막 두 달간은 매일같이 집을 구하러 나갔으나 구해지지 않았고, 와합도 지쳐 갔다. 더 이상 어찌해야 할지 모르겠다고 절망할 때, 적절한 집이 나타났다! 한국 비자 만료일 때문에 반드시 돌아가야 하는 날을 며칠 앞두고서.

부랴부랴 계약서를 썼다. 집주인의 요구로 계약도 페툴라 씨의 이름으로 했다. 이사와 관련한 일들이 잔뜩 쌓여 있었지만 일단은 한국으로 가야 했다. 이번에도 고마운 친구 페툴라는 자신에게 맡기고 우선 가라고 했다. 와합은 너무 미안했지만 어쩔 도리가 없었다.

이후로도 페툴라 씨의 도움을 받아야 하는 일은 끝이 없었다. 인터넷을 신청해서 사용하는 일 하나까지 시리아 난민인 그들에게는 제약이 따랐기 때문이다. 크고 작은 일을 하나에서 열까지 챙겨 줘야 하는 귀찮은 일투성이였지만, 페툴라 씨는 군말 없이 열심히 와합네를 도와주었다.

그런 선한 마음의 보상이었을까? 우리가 터키에 가기 약 한 달 전쯤, 페툴라 씨가 좋은 집안의 아리땁고 총명한 여성과 1년

간 연애 끝에 결혼한 것이다. 준수한 외모에 온유한 성품을 지 녔으나 40세가 넘도록 짝을 만나지 못해 와합의 가족이 안타까 워하던 참이었는데 말이다. 신부는 대학 교수인 페툴라 씨에게 한때 대학원 수업을 들었던 학생이었다고 한다. 비록 나이는 많 이 어렸지만, 내성적인 페툴라 씨에게 먼저 다가가 관심을 표현 할 만큼 적극적이고 활달한 여인을 아내로 맞이한 거였다.

이즈미르에서 페툴라 씨와 아내를 만났다. 따뜻한 인상을 지 닌 부부였다. 특히 페툴라 씨는 예전에 사진으로 봤을 때도 선 량하게 생겼다고 생각했는데, 직접 만나 보니 그의 됨됨이를 더 느낄 수 있었다.

터키의 개와 고양이에게 묻고 싶은 것

터키 생활 중 유독 기억에 남는 풍경이 있다. 거리의 고양이와 개였다. 더위를 피해 차 그늘에 편안히 누워 있는 고양이, 길거리 한복판에 널브러져 있는 개. 터키에서는 아주 일상적인 모습이다.

한번은 쇼핑몰 입구에 떡하니 누워 있는 큰 개를 미처 보지 못하고 밟을 뻔해서 깜짝 놀란 적이 있었다. 커다란 개가 사람들이 붐비는 보도를 유유히 걸어 다니는 모습도 자주 보였다. 다소 두려웠던 나와 달리, 사람들은 그다지 신경을 쓰지 않았다. 떠돌이 개처럼 보이지 않고 눈빛이나 행동도 온순해 보여서 나는 근처에 주인이 있는 줄 알았다. '저렇게 큰 개들을 왜 주인이 챙기지 않는 거야.'

그런데 나중에 알고 보니 다 주인이 없는 거리의 개였다. 와합 말에 따르면 그런 개들을 나라에서 관리한다고 한다. 귀에 등록 번호가 있다고.

그 후로 눈썰미라고는 없는 내 눈에도, 거리나 공원 곳곳에 놓여 있는 물과 사료가 보이기 시작했다. 길고양이와 주인 없는 멍멍이를 위한 사람들의 배려였다.

그래서일까? 우리나라의 예민한 길냥이나 떠돌이 개와 달리, 터키의 개와 고양이는 사람을 경계하지 않았다. 유순했다. 마치 '개와 고양이와 사람이 공존한다는 건 이런 거야'라고 보여 주듯이.

카페나 음식점의 테이블 앞에 앉을 때면, 의자 위에 누워 잠들어 있는 고양이를 종종 만나곤 했다. 마치 자신이 원래 그 자리의 주인인 양 편안하게. 처음에는 당황스럽기도 하고, 너무나 태평하게 누워 있는 모습에 웃음이 나기도 했지만, 나도 곧 터키 사람들처럼 익숙해져 갔다.

물론 정치적 속셈이 있었겠지만, 어떻든 간에 터키는 450만 명 가까이 시리아 난민을 받아 준 나라다. 대우나 차별의 문제는 별개로 두더라도, 가장 많은 난민을 받아들였다. 고양이와 개에게 곁을 내어 줄 수 있는 나라여서 그랬을까.

그리고 생각해 본다. 내 자리의 한 곁을 내어 준다는 것은 마냥 힘들고 고통스러운 일이기만 한 걸까.

공존한다는 것은 뭘까?

그 여름날, 매번 피어나던 질문.

터키의 개와 고양이에게 물어보고 싶었다. 사람들에게서 한 겿을 받아 느긋하고 조화롭게 살고 있는 그네들은 왠지 답을 알고 있을 것만 같았다. 인간들과 달리, 제 잇속이 복잡하지 않아 더 믿음직한 답을.

와합의 여권

"다행히 비자 받았어요. 6개월이지만……."

단체 채팅방에 체류 허가 기간이 찍힌 외국인 등록증 사진을 와합이 보내왔다.

다들 "일단 다행이다", "당분간은 고민하지 말자" 등의 이야기로 와합을 다독여 보지만, 말 그대로 '당분간'의 안심일 뿐이다.

나는 너무나 쉽게 여권을 발급받고 해외에서 사용해 왔는데, 와합을 보며 또 한 번 알았다. 이런 평범하고 일상적인 일들이 누군가에게는 엄청나게 어렵고 힘든 일이라는 것을.

와합은 유학생이므로 6년짜리 여권을 받아서 한국에 왔으나, 이후로는 2년짜리 여권만 발급이 가능했다. 그나마도 결코 쉽지 않았다. 몇 해 전, 6년짜리 여권이 만료되기 전에 여권을 시리아 안으로 보냈다. 당시에는 사용하고 있는 여권을 갱신하여 재사용하는 시스템이었다. 와합은 터키에서 떨리는 마음으로 지인에게 여권을 넘겼다. 여권은 시리아로 들어가 몇 사람의 손을 거쳐서 2년이 더 연장되어 무사히 와합에게 돌아왔다.

여권을 기다리는 동안 얼마나 초조하고 불안했는지 모른다고 했다. 여권을 전달하는 사람이 폭격이 난무하는 전쟁 통을 거치는 동안 잘못되면 어쩌나, 담당 공무원이 갱신하는 과정에서 조회를 제대로 하여 자신이 블랙리스트 인물인 것을 발견해 여권을 압수하면 어쩌나 등의 걱정으로 잠을 이루기 어려웠다고 했다.

"아니 그 이야기를 왜 이제야 하는 거야?"라는 내 질문에 와합은 말했다.

"이야기하면 괜히 친구들도 같이 걱정할 텐데요. 잘 받았으면 됐죠. 이제 안심이에요."

"그럼 2년 후엔? 또 그렇게 불안한 방법으로? 2년 금방 돌아와."

"그건 그때 가서 또 고민하죠. 뭘 벌써부터 걱정하십니까, 누님."

와합은 별일 아니란 듯 웃으며 나와 친구들을 안심시켰지만 다들 마음이 편치 않았다.

역시나 2년은 금세 돌아왔다. 여권 만료 반년 전부터 와합은 여러 방면으로 방법을 찾아봤으나 상황은 더 어려워졌다. 시리아 정부가 이번에는 여권을 이전과 달리 새롭게 재발급하는 시스템으로 바꾸었기 때문이다. 공식적인 수수료만 800달러였으나 공무원과 브로커에게 최소 2500달러를 내야 했다. 그러나 이것도 와합에게는 해당되는 사항이 아니었다. 관계자들에 따르면 이미 와합 이름 앞에는 표시가 되어 있다고 했다. 직접 시리아로 와서 처리해야 한다고. 그러나 시리아로 가면 와합은 바로 체포되어 목숨을 잃을 것이다.

물론 한국에 있는 모든 시리아인이 이렇게 와합처럼 여권을 갱신하기 어려운 것은 아니다. 대부분은 일본에 있는 시리아 대사관에서 여권을 갱신한다. 그러나 독재 정치에 반대하고 아사드 정권의 만행을 알리며 난민을 도와 온 와합은 외로운 가시밭길을 걸을 수밖에 없다. 신념을 지키기 위해 치러야 하는 대가였다.

어렵사리 아버지 쪽 지인인 정부군 고위 간부와 연락이 닿았다. 예전에는 친한 지인이었으나 이제는 가는 길이 전혀 다른 사람이었다. 그 브로커는 계속 와합에게 시리아로 돌아와서 사과하고 용서를 구하면 모든 문제가 해결될 수 있다고 회유했다. 와합은 여러 핑계를 대며 직접 갈 수 있는 상황이 아니라고 브로커를 설득했다.

도덕과 양심을 버리면, 더 이상 난민들을 돕지 않으면, 적당히 독재자를 지지하면 원하는 것을 얻고 편히 살 수 있을 것이다. 그러나 와합은 절대 그렇게 할 수 없었다.

그런데 엎친 데 덮친 격으로 다마스쿠스에 갔던 삼촌 두 분이 체포되었다는 소식이 들려왔다. 한 분은 아들이 아파 다마스쿠스에 갔다가 검문소에서 갑자기 잡혀갔고, 나머지 분은 구금된 분을 찾고 와합의 여권 문제를 해결하려고 갔다가 체포되었다. 결국 이유는 와합이었다.

브로커는 계속 와합이 시리아로 오기를 집요하게 권유했다. 그러면서도, 삼촌 문제와 여권 문제는 시간이 필요하니 자신을 믿고 기다려 달라고 했다. 와합의 고민은 점점 깊어졌다. 여권 문제보다 삼촌들의 문제를 어떻게 해결해야 할지 머리가 터질 것 같았다. 여권이 없으면 힘들겠지만 생활은 할 수 있으니 우선은 삼촌들을 찾는 일에 온 힘을 모아야겠다고 판단했다. 그리고 여권 문제가 해결될 수 없으면 난민 신청도 고민해 봐야겠다는 생각도 했다.

와합이 괴로운 심정을 토로한 SNS의 글을 읽으며 나는 한숨이 절로 나왔다.

'이젠 와합까지 난민이 되는 건가……'

더구나 신청을 한다고 해도 야박한 난민 인정 심사에서 난민으로 인정해 주려나 모르겠다.

이유 없이 구금되었던 삼촌 두 분은 각각 3개월 반, 2개월 만에 풀려났다. 그간 고문을 당하고 고생하셨지만 천만다행이었다. 노심초사하던 와합은 겨우 숨을 돌렸다.

그런데 이번에는 브로커로부터 연락이 끊겼다. 그동안 결코 반가운 전화는 아니었다. 그 통화는 기대와 희망을 갖게 했다가, 잃게 하기를 반복했다. 짧은 통화 후에는 두려우면서도 화가 나서 잠을 못 이뤘다. 그리고 악몽으로 이어졌다.

하지만 여권을 위해서는 끊어져서는 안 되는 전화였다. 연락이 끊기자 또 무섭고 불안하고 슬펐다. 매일 밤 와합은 전화를 간절하게 기다렸다. 불안해서 잠이 오지 않았다. 그 짧은 새벽 통화가 그립기까지 했다. 자신의 모습이 마치 스톡홀름 증후군에 빠진 사람 같았다.

스톡홀름 증후군 같다는 와합의 글을 보면서 매우 안타까웠지만 나는 이번에도 기도 외에는 해 줄 수 있는 것이 없었다. 그저 "네가 난민이 되어도 너는 넌데 우리가 안 놀아줄까 봐 무섭냐"라고 장난을 치며 우스갯소리 하듯 위로를 건넸을 뿐.

그런데 열흘쯤 지났을까. 갑자기 단체 채팅방에 한 장의 사진이 날아왔다.

"여러분, 여러분, 여러분, 예상치 못했던 선물을 방금 받았어요!"

아랍어가 쓰인 여권 사진. 와합의 2년짜리 여권이었다. 다들 놀라서 이게 어찌된 일이냐고 난리가 났다. 동생이 말했다.

"와합, 여권에서 빛이 나는 것 같다!"

오전에 갑자기 국제 특급 우편으로 도착했다고 했다.

여권 만료일 하루 전에 일어난 일이었다. 이 친구에게 일어나는 일들은 항상 이런 식이다. 가장 막다른 곳에 이르러서 '포기해야 하나' 할 때쯤 갑자기 해결되는 방식. 소름이 돋았다.

날짜를 보니 여권은 이미 두 달 전에 갱신이 되어 있었다. 그런데 이걸 왜 이제야 보낸 걸까? 브로커는 어떤 의도였을까?

아직도 생생한 2018년의 기억이다. 하지만 시간은 금방 지나가 2020년 초, 갱신일은 또 돌아왔다. 이번에는 방법을 찾을 수 없었다. 2년 전의 브로커는 여권을 보내 준 이후로 아무런 연락이 없었다. 러시아로 갔다는 소문만 전해질 뿐.

이번에도 몇 달 동안 마음을 졸이며 여러 방법을 찾아봤으나 여권을 발급할 길이 없었다. 다행히 여권이 없어도 6개월의 비자는 받을 수 있었다. 늘 도와주시는 고마운 이일 변호사님께서 출입국관리소에 동행해 주셨고, 친절한 공무원을 만나서 마음 상하는 일 없이 무난하게 진행되었다. 하지만 공무원에게서 다음번에도 여권이 없으면 곤란할 거라는 조언을 들었다. 여권이 없으니 이제는 난민을 돕기 위해, 혹은 가족에게 무슨 일이 생겨도 터키에 갈 수 없다.

"아직 6개월이나 남았네. 그동안 방법이 생길 거야. 항상 그랬듯이."

와합을 만났을 때 나는 위로했다.

"그렇겠죠……."

대답하는 와합의 눈빛에 힘이 없었다.

자신의 신변에 위급한 문제들이 있어도 묵묵히 난민 돕는 일을 계속하는 와합을 보며 한 분이 자신의 페이스북(2017.10.29. 김상종 님)에 이렇게 글을 올리기도 했다.

"이 글(와합의 글)처럼 개인의 삶을 더 들여다보면 이웃 사랑을 한다는 건 '상황이 여유 있어?'가 아닌 정말 마음의 문제입니다. 간절히 행복한 삶을 더불어 살아가고 싶은 소망의 구체적 행위입니다."

그러나 계속 물밀듯이 밀려드는 문제들 속에서, '다 같이 행복한 삶을 살기를 간절히 바라는' 이 친구도 지쳐 가는 걸까……. 예전과 달리 힘을 잃은 듯한 눈동자가 마음에 걸렸다.

터키에서 만난 예멘인 선생님

"누나들, 혹시 우리 작년에 터키 갔을 때 만난 예멘 선생님 기억나요?"

함께 터키 여행을 갔던 일행의 채팅방에 와합의 물음이 떴다.

그럼! 당연히 기억하지.

이즈미르에 머물 때 와합을 따라 학교를 방문한 적이 있었다. 직업이 직업인만큼 다른 나라로 여행을 가면 그 나라의 학교나 교육 시스템에 자연히 관심이 간다. 그런데 마침 터키에서 만나 같이 활동하기로 한 NGO와의 공동 프로젝트 준비 때문에, 와합이 교육청 담당자를 만나러 학교에 간다고 했다. 얼씨구나 하고, 명과 나도 구경할 겸 따라갔다.

시리아 난민 학생들이 다니는 학교였다. 아랍어를 잘하는 터키인 교육청 공무원과 실무 및 관리를 도와주는 예멘인 선생님을 만났다. 두 사람과는 이미 구면인 와합이 우리를 소개했다. 와합이 프로젝트에 대해 설명을 하던 중 터키인 공무원이 일이 생겨 자리를 비웠다.

잠깐 휴식 시간이 생겼다. 그런데 나와 명, 와합 셋이서 잠시 나누는 대화를 물끄러미 바라보던 예멘인 선생님이 와합에게 부드럽게 말을 걸었다. 선생님과 웃으며 대화를 나누다 와합이 말했다.

"누나들, 선생님이 누나들이 하는 한국어가 아름답다고 감탄했어요. 저보고도 한국어를 할 때 와합은 부드럽고 예쁜 목소리를 낸다고요. 코와 목구멍을 울리는 소리가 없냐고 놀라네요. 노래를 듣는 것 같대요."

아랍어 발음 중에는 목청을 긁는 듯한 소리나 코 뒤쪽으로 내는 듯한 소리가 있는데 한국어에는 이 발음이 없어서 매우 부드럽게 들린다는 거였다. 예상치 못한 칭찬에 인사를 하자, 예멘인 선생님은 예멘에 대해서 아는 것이 있느냐고 물었다.

갑작스런 질문에 순간 난감했다. 예멘인을 만난 것도 그날 처음일뿐더러 예멘이란 나라에 대해서 들어본 적이나 있었던가. 그러나 역시 학교 교육의 힘은 무서웠다. 나는 고교 세계사 시간에 배웠던 단편적인 지식 두어 개를 쥐어짜듯 떠올려 더듬더듬 답변을 했다. 다행히 그 대답만으로도 그는 만족한 듯했다. 터키에서 몇 년을 살았지만 예멘에 대해 아는 이를 만나본 적이 없다며 반가운 표정을 지었다.

나는 그때 그가 오래전에 터키로 이민 와서 터키 사회에 정착한 사람인 줄 알았고, 예멘이 내전으로 그렇게 힘든 상황인 줄도 몰랐다. 다만 그날 집에 돌아와 지도에서 예멘의 위치부터 검색했던 기억이 난다.

다음 해인 2018년 5월, 제주도에 예멘 난민들이 왔다는 소식을 들었을 때 당연히 그분이 떠올랐다. 내가 처음 만난 예멘 사람이었으니까.

알고 보니 그는 4~5년 전쯤 터키에 정착한 사람이었다. 정착한 지 얼마 되지 않았는데 터키 학교에서 난민 학생 관련 실무를 도와주고 있었던 걸 보면 똑똑하기도 하고 운도 좋은 사람인 것 같다. 그날 그분 덕분에 이것저것 물어보고 학교 교실도 살짝 구경할 수 있었다.

그런데 그 예멘 선생님이 와합에게 오랜만에 연락을 했다. 라마단 직후라 이슬람 명절 인사를 겸하며, 동생들이 제주도에 와 있다고 했단다.

세상이란 얼마나 좁은가. 알 수 없는 실들로 촘촘하게 이어져 있는지도 모른다. 1년 전 여름 처음으로 예멘 사람을 만났는데, 그 사람의 형제가 1년 후 사회적으로 가장 큰 이슈의 장본인들이라니.

예멘 선생님은 와합에게 동생들에 대해서 큰 부탁을 하지는 않았다. 다만, 아는 사람이 아무도 없는 낯선 한국에 그래도 와합이 있으니 조금이라도 안심이 된다며, 동생들을 한번 만나 줬으면 좋겠다고만 조심스럽게 말했다.

예멘 난민들에 대한 논란이 커진 뒤로 여러 난민 관련 행사에 참여하느라 너무나 바빴던 와합은 그해 여름이 지나서야 겨우 선생님의 형제들을 만날 수 있었다. 제주도 포럼을 가는 길에 그분들을 만나러 간다고 했다. 나는 와합에게 작은 봉투를 건넸다.

"아랍 문화에서 현금을 선물하는 일은 없다고 했지만, 뭘 선물해야 할지 모르겠고…… 지금은 가장 필요한 게 이게 아닐까 싶어서. 네가 사정을 잘 말씀드려 줘. 아주 소액이야. 내 인사도 전해 드리고."

편지 봉투 겉봉에는 이렇게 썼다. 와합에게 아랍어로도 써 달라고 했다.

"잘 오셨습니다. 한국에 오신 것을 환영합니다!"

누군가는 어설픈 감성팔이라고 비아냥거릴지도 모르겠다. 그러나 작은 인연으로 빚어진 환영의 마음을 꼭 표현하고 싶었다.

와합이 어느 강연에서 말한 난민에 대한 비유가 떠올랐다.

"한국 사회에 가뜩이나 다른 문제도 많은데, 또 한국을 알지도 못하면서, 난민들이 왜 하필 한국으로 왔냐고 생각하시는 분이 많지요. 그런데 여러분이 지금 불이 활활 타오르는 집 안에 있다면 어떤 생각을 할까요? 당장, 어느 방향이든지, 무슨 수를 써서라도, 이 집을 나가야겠다는 생각밖에 없지 않을까요. 그리고 불을 피해 빠져 나갈 수 있는 방향으로 무조건 달려가겠지요. '아, 집을 나가면 잘 곳이 없으니 그 친구 집으로 가야겠다' 아니면 '친한 그 친척 집으로 가서 자려면 이쪽으로 나가야지'라고 생각하는 사람은 아무도 없을 거예요. 난민들도 그렇습니다. 일단은 닥쳐오는 위험을 피해서 갈 수 있는 곳으로 무조건 가는 거예요. 그곳은 본인이 전혀 모르는 나라일 수도 있고, 한국이 될 수도 있는 거지요."

칼릴과 같은 난민들이 목숨을 걸고 지중해를 건너 뭍에 도착했을 때, 이들에게 환영한다며 응원해 주는 사람들이 있었다. 따뜻하게 환대하며, 가는 길에 먹을 물과 빵을 나눠 주기도 했다. 그들의 적극적이고 용기 있는 모습을 방송으로 보며 가슴에 '쿵' 하는 울림을 느꼈었다.

나도 불 속을 뛰쳐나온 사람들에게 그들처럼 말해 주고 싶었다. 제주도에 온 뒤로 어쩌면 반대만을 경험했을지도 모를 사람들에게, 작은 목소리지만 '환영한다'는 얘기를 한 번쯤은 들려주고 싶었다.

난민이면 무슨 일이든 해야 하는 걸까

예멘 난민들이 정부에서 취업을 허가한 고깃배를 탔다가, 적응을 못하거나 일이 너무 고되어 그만두는 일이 있었다. 사람들은 '진짜 난민이면 무슨 일이든지 해야지, 힘든 일 어려운 일 가릴 상황이냐'는 날 선 댓글과 원색적인 욕으로 인터넷 공간을 채웠다.

그런 차가운 글들 속에 SNS 친구가 공유한 김지혜 님의 페이스북 글이 눈에 들어왔다. 한국인인 글쓴이는 독일에 와서 사는 동안 경제적으로 어려운 시기가 있었다. 할 수 없이 남의 집 청소를 해 주는 아르바이트를 알아봐 달라고 독일인 친구들에게 부탁을 했다. 독일인 친구들은 한국에서 그런 일을 해 본 적이 없는 글쓴이를 배려했다. 깐깐한 낯선 집에 가서 고생하지 않도록 자신의 집에서 단기 청소 아르바이트를 하게 해 주었다. 그리고 나중에는 글쓴이가 피아노 반주자로 학교에 취직할 수 있도록 도와주었다.

인상적인 부분은, 글쓴이가 친구들 소개 덕분에 학교에 취직한 것을 고마워할 때 친구들이 보인 반응이었다. 독일인 친구들은 글쓴이가 반주자를 할 수 있는 것을 아니까, 자리가 있을 때 알려 주는 것은 당연한 일이라고 했다. 그리고 하던 일을 계속하게 되어서 기쁘다며 축하해 주었다.

글쓴이는 "그 친구들 그 누구도 '너는 독일보다 못사는 나라에서 왔으니 외국에 와서 무슨 일이든 해야 하는 것 아니냐'는 말을 하지 않았다"라며 글을 마무리했다. 따뜻하면서도 명쾌한 한마디였다.(이 글을 비롯해 김지혜 님의 여러 좋은 글이 묶여 파람북 출판사에서 《인간이라는 단 하나의 이유》라는 책으로 출간되었다. 그중이 글은 '3일간의 청소'라는 제목으로 실려 있는데, 기회가 된다면 찾아 읽어 보시기 바란다.)

글을 읽고 나니 1년 전 여름 터키에서 있었던 일들이 떠올랐다.

와합네 집에 머물렀다가 떠나기 이틀 전이었다. 우리 일행은 가족과 이즈미르 근처에 있는 해수욕장으로 물놀이를 가기로 했다. 서로에게 추억을 선물하고 싶어서였다.

그런데 하루 소풍을 떠나기 위해서는 먼저 동생들의 휴가가 필요했다. 어린 아들들을 돌보고 있는 위다드를 제외하고는 모두 일을 하고 있었다. 중학생인 막내 하순과 바로 그 위의 라훔까지도 여름 방학이 되자 아르바이트 자리를 찾아서 일을 했다.

몇 년 전, 내가 이야기를 처음 전해 들었을 때만 해도 와합은 하순과 라훔이 일하는 것을 반대했다. 아직 어린 학생들인데 무슨 일이냐고, 방학 때 공부를 하라고 했다. 그러나 동생들이 사정했다. 여름 방학은 긴데, 주변 시리아 친구들은 모두 일을 나가서 어울릴 사람도 없고 심심하니 일을 하게 허락해 달라고 말이다. 와합은 마뜩잖았지만 결국 허락했다. 친구들이 다 일을 한다고 하고, 당시에는 정착 초기라 서툴렀던 터키어를 아르바이트를 통해서 더 익히며 사회 경험을 쌓는 것도 나쁘지 않을 것 같다고 스스로를 설득한 듯했다.

노동 강도에 비해 임금은 턱없이 낮았다. 똑같은 일을 해도 터키인과 시리아인의 임금이 달라서 일반적으로 시리아인에게는 터키인 일당의 60%만 준다고 했다. 종종 일만 시켜 놓고 임금을 주지 않는 나쁜 주인도 있다고 했다. 아이들의 경우는 임금이 훨씬 낮았다. 그래서 성인들보다 아이들이 고용되기가 쉬웠다. 고용자 입장에서는 아이들이 임금도 훨씬 싸고 말도 빨리 익히며 일을 시키기에 편하기 때문이다. 그러다 보니 부모는 일자리를 구하지 못해서 전전긍긍하고 있고 아이들이 학업을 포기하고 벌어 오는 작은 수입으로 생계를 이어 가는 시리아 가정도 많다고 한다.

와합네도 여동생인 위살과 마야는 옷 공장에서, 남동생인 사미르는 음식점에서 열두 시간 동안 일을 한다. 중3 정도인 남동생 라훕도 방학 동안 슈퍼마켓에서 역시 열두 시간 가까이 아르바이트를 하고 있었다. 막내인 남동생 하순만 그때 잠시 쉬며 일자리를 구하고 있었다.

　다 같이 쉬는 날은 일요일 하루뿐이었다. 그나마도 사미르는 일요일이 아닌 요일에 쉬고, 우리 일행도 토요일에는 이즈미르를 떠나야 했다. 결국 평일에 휴가를 하루 내야 하는데 여동생들이 아무래도 어려울 것 같았다.

　마침 여동생들이 일하는 일터 근처에서 내가 선물용 스카프를 살 일이 있었다. 여럿이 가서 일하는 곳도 볼 겸 고용주에게 직접 부탁도 해 볼 겸 여동생들이 일하는 곳에 가 보기로 했다. 한국과 달리 터키나 시리아에서는 일터에 가족을 보러 가는 일이 실례가 아니라고 했다.

　터키의 여름은 무더웠다. 우리가 이즈미르에 머무는 동안 하루 최고 온도가 거의 36도에서 39도 사이였다. 다만 습도가 낮아서 그늘에 있으면 견딜 만했고 아침저녁으로는 선선했다. 그러나 에어컨 사용이 한국만큼 일반적이지 않았다. 가게나 식당에서조차 뜨거운 한낮에도 문을 활짝 열고 선풍기를 돌리는 것이 일상이었다.

　오후의 햇살이 무섭게 이글거리는 서너 시쯤에 여동생들의 일터에 도착했다. 가내 수공업장같이 자그마한 일터였다. 주인을 포함하여 일하는 사람이 네댓 명 정도. 안은 밝은 편이기는 했으나 통풍이 될 곳은 들어가는 출입문과 작은 창문 하나 정도였다. 선풍기 한 대가 출입구 근처에 서 있었다.

남자들은 그나마 러닝셔츠 차림으로라도 있었지만 여동생들은 관습을 따라 긴팔에 머리에는 히잡을 쓰고 있었다. 게다가 작업하는 곳은 선풍기 바람이 닿지 않는 안쪽이었다. 위살의 목에는 휴대용 선풍기가 작동을 멈춘 채 힘없이 늘어져 있었다. 와합이 한국에서 사다 준 선풍기다. 그러나 사실 큰 다리미같이 뜨거운 열을 뿜어내는 기계 앞이어서 바깥에 서 있는 선풍기건 목에 걸고 있는 선풍기건 별 의미가 없었다.

안은 좁고 더웠다. 구슬땀을 흘리며 작업을 하고 있던 여동생들은 우리를 보고 밝은 미소를 지으며 기뻐했다. 어린 마야는 와합의 어깨에 두 손을 얹고 사장님에게 오빠를 소개했다. 얼굴에 미소와 자부심이 넘쳤다. 시리아에서도 늘 자랑스러운 오빠였지만 한국으로 유학 가서 박사 학위를 공부하고 있는 오빠, 외국인 친구들이 많은 오빠, 그래서 이렇게 한국인 친구들까지 데리고 온 오빠의 존재는 터키에서도 인정받을 만한 것 같았다.

나중에 현지에 살고 있는 이에게 들으니 터키는 옛날 한국처럼 대학생만 되어도 호감 있게 보며 더구나 대학원생이나 박사는 사회적으로 꽤 우러러 본다고 한다. 그리고 한국인에 대한 호감도도 높은 편이고, 집에 외국인 친구들이 머물거나 놀러 오는 것도 흔한 일이 아닌 만큼 꽤 자랑스러워한다고 했다. 더구나 와합은 종종 한국 방송 팀과 같이 터키에 와서 촬영까지 하곤 했으니, 가족에겐 얼마나 자랑스럽고 든든한 버팀목이었을까.

그러나 집에 놀러 온 한국인 손님을 대접하기 위한 하루 휴가는 허락받지 못했다. 위살과 마야가 열심히 사장님에게 부탁을 했으나 사장님은 쌓인 일이 많다며 허락해 주지 않았다. 와합은 다소 굳은 얼굴로 일터를 나왔다. 나와 명은 혹시라도 뒤에 사장님의 마음이 바뀌지 않을까, 애절한(?) 눈빛으로 인사를 남기며 떠나는 것을 잊지 않았다.

밖으로 나온 와합은 말을 잃었다. 항상 쾌활하고 때로는 수다스럽기까지 한 와합이었는데 묵묵히 앞으로 걷기만 할 뿐이었다. 스카프 가게는 동생들 일터 바로 근처 바자르(재래식 시장) 안에 있었다. 그곳은 두 개의 바자르가 연결되어서 매우 크고 미로같이 이리저리 얽혀 있었다. 나 같은 길치는 도저히 다닐 수 없는 곳이었지만 길눈 밝은 와합은 헤매는 법이 없었다.

그러나 그날 오후, 바자르 안을 얼마나 오랫동안 걸었는지 모른다. 며칠 전 10분 만에 갔던 스카프 가게를 한 시간은 넘게 찾아 헤맸던 것 같다. 길눈 어두운 나도 나중에는 와합이 길을 잃었다는 것을 눈치챘다. 그렇게 헤매는 동안 다들 말이 없었다.

단순히 물놀이를 위한 휴가가 무산되어서가 아니었다. 여동생들의 일터를 보고 나니 와합이 어떤 마음일지 알 수 있었다.

무더운 바자르 안을 돌고 돌아 겨우 스카프 가게에 당도했다. 나는 선물용 스카프 몇 장을 대충 골라 쥐고 나왔다. 그리고 바로 아이스크림 가게로 모두를 데리고 들어갔다. 위다드와 막내 하순, 어린 조카 페드르도 같이 왔는데, 어른들은 그렇다 치고 아이들은 얼마나 지치고 힘들었을까. 우리에게는 몸과 마음을 위로해 줄 차갑고 달콤한 것이 필요했다.

다행히 아이스크림 가게는 에어컨이 시원하게 틀어져 있었고 천연 재료가 많이 들어간 아이스크림은 기대 이상으로 푸짐하고 맛났다. 다들 말수가 조금씩 늘고 웃음꽃도 피어올랐다. 와합도 입을 떼기 시작했다.

그때였다. 마야에게서 전화가 왔다. 사장님이 하루 휴가를 허락해 줬다! 대신 일감이 많이 밀려 있으니 오늘 밤 늦게까지 다 마치고 가야 한다고 했단다. 다들 부산해졌다. 취소될 뻔했던 소풍을 위해 장을 보러 위다드와 하순은 부랴부랴 일어섰다.

그날 위살과 마야는 원래 퇴근 시간인 아홉 시를 넘겨 새벽 한 시가 되어서야 들어왔다. 사장님이 일감을 산더미같이 줬기 때문이다. 그나마도 장을 본 후 위다드와 하순까지 옷 공장에 가서 도왔기에 그 시간에 끝난 거라고 했다.

그런 희생을 치르고 간 다음 날 물놀이는 여러 크고 작은 소동 속에서도 오래도록 잊지 못할 만큼 즐거웠다. 하지만 그날 보았던 열악한 일터의 모습, 후끈한 열기, 그때 느꼈던 짠한 감정은 지금까지도 생생하다. 피붙이가 아닌 나도 그러했는데 와합은 오죽했을까. 시일이 한참 지난 후, 우연히 이 일이 화제로 나왔다. 와합이 말했다.

"그때 제가 어떤 기분으로 그 일터를 나왔는지 누나들은 절대 이해할 수 없을 거예요. 머리가 멍하고 눈앞이 잘 안 보였어요. 동생들이 힘들게 일하고 있을 거라고 생각은 했지만 그 정도일 줄은 몰랐는데……. '왜 동생들이 여기서 해 본 적 없는 이런 일을 하며 살아야 하지?' 하는 생각이 자꾸 들었어요. 시리아만 지금과 같은 상황이 되지 않았으면 절대 상상도 할 수 없는 일이죠. 위살은 대학을 나왔고 선생님이었어요. 마야도 지금쯤 대학을 다니고 있어야 하는데, 왜……."

사람의 생각은 다 비슷한 걸까?

나중에 SNS를 다시 들어가 보니, 와합 역시 내가 읽었던 독일에서의 따뜻한 이야기를 자신의 SNS에 공유해 놓았다. 그리고 그 글 아래 다음과 같이 자신의 심경을 덧붙였다.

참 감동적인 이야기……

내 이야기, 내 가족 이야기, 많은 시리아인 친구들의 이야기이다.

제가 한 번 해 본 적이 없고 상상치도 못했던 일을 한국에 와서 했었고, 내 동생들도 한 번도 알바를 해 본 적이 없었는데 지금 터키에서 옷 공장, 과일 운반 등 다양한 일을 하고 있어요.

터키에 가서 시리아인 친구들이 어둡고 갑갑한 생활을 하는 모습을 볼 때마다 느끼는 것이 많아요. 시리아에서 변호사, 교사, 의사, 기자 등으로 일했는데 지금은 식당 청소나 공장 일 등 육체적으로 힘든 일들만 할 수 있어요.

제가 한국에 처음 왔을 때 내 손을 잡아 준 친구들이 있어서 다행이에요.

친구들아 내 손을 잡아 줘서 고마워요.

잊지 않겠어요.

만약 무슬림이 아니었다면

2018년 10월, 인권 단체들을 중심으로 '난민 환영 문화제'가 열렸다. 그런데 광화문 광장을 사이에 두고 난민 반대 집회도 동시에 열렸다. 뉴스로만 봐도 대립하는 팽팽한 기운이 느껴졌다.

와합이 문화제에서 선언문을 낭독한다고 했을 때 친구들은 말렸다. 특히 겁쟁이인 나는 더 걱정이 됐다.

"네가 꼭 그 자리에 서야 해? 지금 상황이 얼마나 무서운데. 예멘 난민들이 온 이후로 난민 찬반 의견으로 불꽃이 튀고 있잖아. 더구나…… 미안하지만, 외국인이고 무슬림인 네가 그 자리에 서면 사람들이 물어뜯으려고 할지 몰라. 네가 꼭 나설 필요는 없잖아. 이번엔 그냥 조용히 있으면 안 되니……."

아니나 다를까, 문화제 다음 날.

와합의 SNS에 공개적으로 '한국에서 떠나지 않으면 죽이러 가겠다'는 내용을 살벌한 욕설로 쓴 댓글이 달렸다. 보통 때 같았으면 그냥 무시했겠지만, 점점 거칠고 험악해지는 사회 분위기에 와합도 긴장을 하던 때였다. 고민 끝에 와합은 그 내용을 SNS에 올리고 조언을 구했다.

다행히 일은 잘 해결되었다. 평소 와합과 가까이 지내 온 경호 관련 일을 하는 지인이 댓글을 단 사람에게 점잖지만 단호한 메시지를 보내며 대화를 시도했다. 이 일에 관해서 그냥 넘어가지 않을 것이며 법적 책임을 묻겠다고 했다.

댓글을 단 20대 남성은 아주 악랄한 사람은 아니었나 보다. 곧 겁을 먹고 사과를 했다. 그러면서도, 자신은 이슬람과 무슬림을 싫어하고 혐오하는데 무슬림 난민이 오면 한국 여성들이 위험하다고 했다.

사건은 이렇게 마무리되었지만 앞으로 이상한 사람이 와합을 해코지하면 어떡하나 걱정이 되었다. 그동안에도 와합은 종종 비난을 담은 문자나 이상한 전화를 받아 왔다. 와합의 글 밑에 악성 댓글이 달리는 것도 하루 이틀 일은 아니었다. 심지어 와합이 TV에 나온 후 길에서 알아보고 "테러리스트 아니냐"고, "너희 같은 애들 때문에 정부가 쓸데없는 데 돈을 낭비하고 있다"고 면전에서 말하는 사람을 만난 적도 몇 번 있었다.

그런데 예멘 난민들이 온 이후로 더 공격적이고 악의적인 댓글이 달렸다. 게다가 문화제 참가 후에는 이메일과 문자로 더 자주 욕설이 날아왔다.

와합의 말처럼, 와합에게는 적극적으로 도와주는 친구들이라도 있지만 그런 친구가 없는 보통의 난민들은 이런 협박을 받으면 얼마나 두려울까. 실제로 이 행사 때 신분이 노출된 난민들에게 섬뜩한 혐오의 메시지와 협박이 마구 쏟아져서 인권 단체들이 난민 혐오 범죄 대응단을 꾸릴 정도였다.

돌이켜 보면 초기에는 시리아 난민 친구 몇몇이 헬프시리아 캠페인에 같이 참여하기도 했다. 하지만 나중에는 사람들에게 주목받는 것이 두려워서 나오지 않았다. 그리고 예멘 난민이 이슈화되자, 시리아 난민들은 자신들의 존재를 더 꼭꼭 숨겼다. 예민해질 대로 예민해진 국민들에게 괜한 공격의 대상이 될까 봐 무서웠기 때문일 것이다.

그들이 무슬림이나 아랍인이 아니었어도 이 정도로 심했을까? 왜 어떤 종교, 어떤 문화권은 이렇게나 혐오와 비난의 대상이 되는 걸까?

아랍영화제에서 만난 한 20대 여성의 이야기가 떠올랐다. 대학원에서 문화 인류학을 공부하고 있다는 그는 대학 때는 영문학을 전공했는데, 북아프리카를 여행하다가 아랍 문화를 접하게 되었고, 처음 만난 그 문화가 매우 매력적으로 느껴져서 관심을 갖고 공부도 시작했다고 한다. 그런데 아랍 문화를 공부한다고 그러자 주변에서 "왜 하필 그런 문화에 관심을 가지냐"는 얘기나 비난이 들려왔단다.

그는 쓸쓸한 미소를 드리우며 말했다.

"문득 '다른 서구 문화권에 매력을 느꼈다면 이런 일이 없었을 텐데, 내가 이 문화권을 좋아하고 관심을 가진다는 이유로 왜 비난을 받아야 하는 걸까'라는 의문이 들었어요."

결국 이 의문이 발단이 되어 문화 인류학 석사 과정을 시작했다고.

하긴 헬프시리아 활동 초기에도 무슬림은 원래 싸움을 좋아하니 그 지역은 늘 전쟁과 분란이 일어날 수밖에 없다는 등 별별 말이 다 있었다. 그 지역 분쟁의 책임이라면 제국주의 서구 열강에게 묻는 것이 역사적으로 적합할 것이다. 무엇보다 왜 개개인으로 보지 않고 '무슬림', '아랍인'같이 집단에 대한 선입견으로 판단하는 걸까.

한 난민 관련 토론회에 참석했을 때였다. 자유 발언 시간에 독일에서 활동하셨던 분이 나와 들려준 이야기가 인상적이었다. 어느 설문 조사에서 독일 현 사회 문제와 관련하여 원인이 무엇이냐는 질문에, '무슬림 난민들이 원인'이라는 대답이 많이 나왔단다. 그런데 정작, '내 주변(혹은 이웃)의 무슬림이 피해를 주느냐'는 질문에는 '그렇지 않다' 또는 '잘 모르겠다'로 답이 바뀌었다는 거다.

사람들은 막연한 대상인 무슬림 난민에 대해서는 잘 알지 못하면서, 아니 잘 알지 못하기에, 위험하다고 느꼈다. 그러나 직접 경험한 내 이웃의 일로 가져오니 답을 달리했다. 분명 주변 무슬림 중에는 난민도 섞여 살고 있었을 텐데 말이다. 하기야 예전에 와합도 "와합 씨는 당연히 좋은 사람이고 신뢰하지만, 와합 씨를 제외한 무슬림들은 무섭고 만나고 싶지도 않다"는 말을 들은 적이 있다고 했으니.

갑자기 궁금했다. 무슬림은 강간범이라며, 대한민국 여성들이 위험해질 거라고 주장하던 그 댓글 청년은, 무슬림과 한 번이라도 제대로 만나 본 적이 있었을까?

변화의 조짐

2018년 예멘 난민들이 왔을 때, 사람들은 청와대 청원 글까지 올리며 예멘 난민을 추방하라고 했다. '국민이 먼저'라고 말했고, 이들을 보고 '가짜 난민'이라고 했다. 이들을 받아들이면 치안이 나빠지고 범죄가 늘 거라고도 했다.

거대한 파도처럼 몰려오는 목소리는 무서웠다. 서슬 시퍼렇게 반대하는 사람들의 음성만 들렸다. 마치 국민 모두가 난민을 반대하는 것처럼 보였다.

하지만 이제는 알겠다. 보이는 것이 다는 아니었다.

그 모습은 앞으로 우리 사회에 올 변화의 조짐이었다고 생각한다. 지금까지 생각해 본 적이 없는 생각거리를 시민들에게 던져 준 시간이었다.

갑작스럽게 맞닥뜨리게 된 난민에게 우리 사회가 두려움과 배타적인 감정부터 먼저 드러낸 것은 본능인지도 모른다. 그러나 시간이 지나면서 사람들은 점점 더 생각하게 될 것이고, 다양한 의견과 목소리가 나올 거다.

겉으로 들리는 강한 목소리가 전체를 대변하는 것은 아니었다. 헬프시리아 활동을 하는 동안 배웠다. 우리 활동에 반대하는 목소리는 눈앞에서 직접 부딪쳐 왔으므로 처음엔 그것만 보였다. 하지만 그 목소리 뒤로, 조용히 존재하여 미처 보이지 않던 관심과 돕는 손은 해가 갈수록 점점 더 두터워져 갔다.

그리고 나를 깨우치게 한 말이 있다. 난민에 대해 긍정적인 의견을 가진 사람들도 적극적으로 목소리를 내고 서로 연대해야 한다는 것.

난민 반대 의견을 가진 사람들은 조직적으로 행동했고, 의견을 피력하기 위해 열정적으로 목소리를 냈다. 그러다 보니 마치 그것이 여론의 전부인 것처럼 보였다. 시민 중에는 아직 생각을 정하지 못한 사람도 있었고, 난민을 돕고 싶고 따뜻하게 환대하고 싶은 사람도 있었는데 말이다.

안타깝게도 2018년도에는 그 '다른' 목소리가 크게 드러나지 않았다. 반대 의견인 사람 중에는 혐오와 가짜 뉴스까지 퍼뜨리면서 자기 의견을 밀어붙이는 이들도 있었건만, 난민에 대해 긍정적인 의견을 가진 사람들은 목소리를 잘 내지 않는다는 얘기도 있었다. 대체로 개인적으로 조용히 돕거나 행동한다고. 그래서 적극적이고 조직적인 모습과 연대가 필요하다고. 마치 내 모습을 보는 것 같아서 찔렸다. 원래 성격도 있지만, 거센 여론에 기가 눌려서 불똥이 튈까 봐 두려웠던 이유도 있었으므로.

여러 생각거리를 남겨 주고 간 예멘 난민 사건. 분명 2018년과는 다른 모습들이 앞으로 우리 사회를 채울 거라고 기대한다. 마치 헬프시리아 활동이 그랬던 것처럼. 비록 그 속도는 더딜지 몰라도.

와합과 친해진 지 얼마 안 된 시기에 있었던 일이다. 대화 중간에 내가 스스로를 우스꽝스럽게 얘기하는 중이었다.

"그때는 몸이 좀 웃겼어. 살이 많이 빠져서 삐쩍 말랐거든. 팔다리는 엄청 가늘고, 그런데 배는 볼록 나오고. 꼭 소말리아 난민 아이들처럼."

어렸을 때 많이 들었던 '소말리아 난민'이란 단어가 말끝에 비유적 표현으로 자연스럽게 딸려 나왔다.

그때였다. 와합이 정색하며 말했다.

"누나, 과거에 소말리아가 얼마나 전통이 있고 번영했던 나라였는지 아세요? 누나 말을 들으니 나중에는 사람들이 이렇게 말할 날도 오겠네요. '아이고, 불쌍한 시리아 난민 아이같이 ~'라고요."

전혀 예상치 못한 지적이었다. 민망해서 얼굴이 붉어졌다. 순간, 방어적으로 바로 든 생각은 '그냥 농담처럼 한 말이었는데……'였다. 난민을 비하하려던 것이 아니라, 나 자신을 우스꽝스럽게 표현하는 농담 과정에서 나온 말이었는데. 어딘가 억울한 느낌마저 들었다. 내 나름으로는 말을 함부로 하지 않으려 주의하는 편이라고 생각했기에 더 그랬던 것 같다.

그런데 와합의 말을 듣고 보니 의도치는 않았지만 누군가를 비하하는 표현을 내가 분명 쓰고 있었다. 너무나 자연스럽게.

변명하자면, 사회적 약자나 소외된 사람을 두고 말을 할 때는 더 조심했다. 그런데 안타깝게도 그 신중함이 지구촌 저 너머에 있는 소말리아 난민까지는 닿지 않았던 거다.

지리나 문화적으로 소말리아와 비교적 가까운 편이고, 전쟁의 고통을 겪고 난민이 생겨나는 것이 자신의 나라 일인 와합에게는 그 말이 비수와 같이 꽂혔을 것이다. 나는 사과했다.

그 일이 생생하게 체득되었나 보다. 이후로 말에 더욱 신경을 썼다. 내가 무심코 한 말 속에 누군가를 비하하거나, 차별하거나, 상처를 준 말이 없었는지 의식적으로 점검했다. 그렇게 조심스러워서야 어디 농담이나 하고 살겠냐고 하는 이가 있을지도 모르겠다. 그러나 남의 아픔을 거름 삼은 농담이나 표현은 잔인할 뿐이다. 그날 정색하던 와합의 표정이 그걸 말해 주고 있었다.

세월이 한참 흐른 지금에서 보면, 어떻게 그런 생각 없는 표현을 했는지 다른 의미에서 얼굴이 붉어져 온다. 물론 지금이라고 내가 잘하고 있다는 자신은 없다. 그러나 그런 부끄러움을 느낀다는 건 인권에 대한 감성이나 타인에 대한 공감 지수가 조금은 더 자랐다는 뜻이 아닐까. 더구나 우리 사회에만 국한된 것이 아니라 아프리카와 서아시아까지 확장된 지구적 공감대를 익히게 되었으니, 시리아인 친구를 만나서 세계 시민이 되는 법을 조금 더 배운 것 같다.

* * *

예멘 난민들을 두고 온 나라 안이 시끌시끌하던 어느 날 저녁. 착잡한 마음으로 뉴스를 보다가 문득 든 생각.

느닷없이 북한과 전쟁이 난다면 어떤 일이 벌어질까?

상상만으로도 끔찍하지만, 사실 몇 해 전만 하더라도 계속되는 북한의 미사일 실험 발사로 불안한 적도 있지 않았던가. 내가 천신만고 우여곡절 끝에 이웃 나라로 간신히 피란을 갔는데, 그 나라 사람들이 내가 지닌 스마트폰이나 브랜드 물품을 보고 "무슨 난민이 스마트폰을 가지고 있냐, 브랜드 신발을 신고 있냐"고 하며, "너 진짜 난민이 맞느냐"고 묻는다면?

혹은 "넌 난민이니까, 아무리 체력상 버티기 힘든 일이라고 해도 따질 것 없이 해야 하지 않냐"고, "네 나라 전쟁 피해를 왜 우리가 책임져야 하느냐"고 묻는다면?

이런 질문은 예멘 난민을 놓고 빈번히 들리는 말이었다.

예전에 읽었던 신문 기사에는, 그 나라에선 평범한 시민이던 예멘 난민 한 명 한 명의 사연이 실려 있었다. 글을 읽으며 나도 언제든지 난민이 될 수 있다는 생각이 들었다. 그들 중 그 누구도 자신이 난민이 되어 세계를 떠돌게 되리라고 예상한 이는 없었으므로.

'만약 그런 순간이 온다면, 내가 우리나라에서 무슨 직업을 가졌건, 어떤 지식과 기술을 익혔건, 어떤 환경에서 생활했건, 그 모든 것은 사라지고 '난민'이라는 두 글자만이 나를 대신하겠구나……'

암담했다.

낯섦에서 오는 공포와 두려움을 모르는 건 아니다. 반대하는 사람들의 모습을 보며 문득 내 모습이 떠올랐다.

와합을 처음 만나러 가던 날, 왜 그렇게 나가기 싫었을까? 낯선 외국인 남성이라서? 분명 그것도 있었겠지. '설명할 수 없는 거리낌'의 이유를 모른다 했다. 하지만 사실은 알고 있었을 것이다.

내 입으로 말하기 참 부끄럽지만 '이슬람 공포증'이었다. 모르니까, 낯서니까 두려움과 거부감부터 일었던 거다. 이제는 부끄럽지만 인정한다.

나도 그랬구나. 다만 종교나 인종으로 누군가를 평가하고 차별하는 것은 나쁜 것이라고 교육받았기에, 또 아이들을 가르치는 교사로서 양심에 걸렸기에 겉으로 드러내지 않으려 노력했을 뿐, 나도 와합을 처음 만났을 때 분명 편견을 갖고 대하고 있었다. 솔직히 이슬람이란 말을 들었을 때, 무심코 떠올린 것은 '네 명의 부인, 테러, 명예 살인, 무섭다, 의심스럽다'와 같은 부정적인 단어들이지 않았나. 이 사람들도 같지 않을까.

예멘 난민 중 위험인물을 가리기 위해 그들의 SNS를 분석한다는 신문 기사도 읽었다. 몇 가지 판별 요인이 있었는데, 과거 예멘에서 전통 칼이나 총을 들고 찍은 사진을 올린 것을 위험 요인으로 삼기도 했다. 역시나 댓글에는 '테러범, 위험하다, 공포스럽다' 같은 단어로 도배가 되어 있었다. 그런데 아랍 문화권을 그리 잘 안다고 할 수 없는 내 눈에도 이건 좀 황당했다.

"와합, 이 기사대로라면 넌 한국 사회에서 위험인물이야."

내가 허탈하게 웃으며 말했다. 와합의 SNS에도 한국에 오기 전 고향에서 올린 사진 중에 총을 든 사진이 있다. 삼촌들의 사냥을 따라간 적도 있었고, 무엇보다 와합의 고향 지역에선 결혼식 날 축하의 뜻으로 하늘을 향해 총을 쏜다.

그런데 문화적 배경을 배제한 이런 일방적인 접근이라면 사람들은 낯선 난민들에게 두려움부터 느낄 것이다. 언론도 문제가 있구나. 하긴 와합을 처음 만난 날, '아랍 칼' 이야기에 혼자

만의 망상으로 큰 공포감을 느끼고 의심했던 나였으니 할 말이 없긴 하다.

《우리 곁의 난민》을 쓴 문경란 선생님의 인터뷰 기사 중, 마치 내 생각을 그대로 읽은 듯한 부분이 있다.

"소수자에 대한 편견과 선입견을 없애는 길은 친구를 두는 것이다. 소수자 문제를 타자화하고 대상화하면, 말도 함부로 하게 될 뿐 아니라 자기 생각을 속단하게 된다. 하지만 소수자 친구가 주변에 있으면 나와 별다르지 않다는 점을 이해하게 된다. 그리고 인간은 존엄하게 살아야 하는데, 나의 존엄이 보장되어야 한다면 소수자인 내 친구의 존엄 보장도 당연한 일이 된다."(프레시안, 2017.6.26.)

와합과 친구가 되지 않았더라면 시리아의 일은 그저 먼 나라의 문제였을 것이고, 난민 문제도 그냥 딱한 남의 일이었을 거다. 하지만 와합과 친구가 되니, 그 친구가 무슬림이나 외국인이라서 겪는 많은 편견과 차별이 내 눈에도 보이기 시작했다. 내 친구의 가족이 난민이니 난민 문제에도 저절로 관심이 갔다. 더 나아가 이주민이나 외국인 노동자 같은 사회 소수자에게도 점점 관심이 가기 시작했다. 그들도 누군가에겐 친구이고 소중한 사람일 테니까.

언제부턴가 '자국의 이익'이란 단어 앞에서 하려던 말을 잠시 멈추게 된다. 이 말 앞에서 '인도적 차원'이란 말이 너무 순진하고 이상적인 단어로 느껴져서다. 세계적인 추세 탓도 있다.

난민을 받아들이는 일에 여러 어려움이 있는 것은 사실이다. 그런데 만약 온 세계의 분위기가 모두 이렇게 바뀐다면 어떨까? 남 일에는 눈을 감고 자국의 이익만을 앞세우는 것이 너무나 당연한 세상이 온다면, 각 나라 정부만이 아닌 세계의 시민들까지 이것을 당연하게 여기는 분위기로만 흘러간다면?

그런 세상에서, 어느 날 우리가 억울하고 부당한 일을 당하거나 어려운 일을 겪게 된다면 도움을 바랄 수 있을까? 누가 우리를 위해 목소리를 대신 내어 줄 것을 기대할 수 있을까?

한국은 역사적으로 국제 사회로부터 받은 것이 많은 나라다. 한국 전쟁으로 많은 피란민이 발생했을 때 유엔이 유엔 한국 재건단(UNKRA)을 설립해서 지원했고, 이것은 유엔이 실시한 첫 난민 구호 활동이었다. 그리고 시리아는 한국 전쟁 때 보급 및 구호 물품을 지원해 준 39개국 중 한 나라였다. 이때 지원받은 물품은 군인과 피란민의 소중한 생필품이 되었다.

언젠가 와합이 말한 적이 있다.

"시리아 문제를 두고 '무슬림끼리 싸우는데 왜 우리가 도와 줘야 하느냐'고 묻는 사람들이 있어요. 시리아 전쟁을 종교 문제로 오해하는 사람들이에요. 그런데 종교 문제가 아니에요. 시리아만의 문제도 아니에요. 이건 국제 문제예요. 미국, 러시아, 이란, 터키 등 주변 많은 나라들이 이 전쟁에 달려들어서 자기 나라의 이익을 취하려고 하고 있으니까요. 이 모습이 한국의 6·25 전쟁 때랑 비슷하지 않아요? 한국 전쟁 때도 단순히 남한과 북한만의 싸움은 아니었잖아요."

뒤이어 그는 담담히 덧붙였다.

"그리고 그때 시리아가 한국을 도운 것은 한국을 잘 알아서가 아니었어요. 그냥 사람이니까. 사람이라서, 인도적 차원으로 도와준 거예요. 나중에 시리아 역사에도 한국이 남았으면 좋겠어요. 시리아가 어려울 때 한국 사람들이 도와줬다는 아름다운 기록이요."

* * *

몇 년 동안 와합 덕분에(?) 국가의 힘이란 얼마나 큰 것인지 피부로 느꼈다. 일상에서 오는 예상치 못한 공격을 견뎌야 하는 와합의 가족은 말할 것이 없고, 와합 개인만 봐도 알 수 있다. 자국 최고의 대학을 나와서 변호사로 일하다가 유학을 온 전도유망한 청년이었지만, 개인의 능력은 아무런 힘을 발휘하지 못한다. 몇 년 전부터는 여권이 있어도 터키와 한국 외에는 다른 나라 방문이 거의 불가능하게 되었다. 난민의 의미를 어디까지 잡느냐에 따라 다르겠지만, 적어도 공식적으로 와합은 난민이 아니다. 버젓이 한국의 대학원생이라는 신분이 있다. 그러나 별 의미가 없다. 특히 공항이라는 공간에서는 시리아 국적이 드러나는 순간 배척당한다.

터키 공항에서도 와합은 늘 붙들려 조사를 당하다가 탑승 시간이 임박해서야 겨우 풀려난다. 마지막 탑승객으로 비행기에 오르기 일쑤였다. 심문 내용도 황당하기 그지없다. 자신을 증명하는 서류를 다 내놓아도 무조건 "못 믿겠다"며 "서류가 의심스럽다"는 식으로 말한다.

한번은 와합이 한때 늘 옷깃에 달고 다니던 세월호를 상징하는 노란 리본 배지를 보고, 터키 공항 조사원이 "테러 조직의 일원이 아니냐"고 몰아세운 일도 있었다. 설명하다 못해 나중에는 인터넷으로 세월호 관련 내용과 세월호 배지를 보여 줬다. 그러나 반응은 여전했다. 이쯤이면 그냥 트집이라고 봐야 할 것이다.

터키 여행을 갔던 여름, 우리 일행은 한국으로 먼저 돌아오고 와합은 일정대로 협력 NGO 단체와 활동을 하러 가지안테프로 향했다. 그리고 9월 초쯤 와합이 한국으로 돌아올 때였다. 여지없이 또 터키 공항에서 붙잡혔다. 실랑이 벌일 시간까지 고려하여 매우 일찍 공항으로 갔으나 이번엔 정도가 좀 심했다.

총을 든 군인들까지 따라왔다. 여권을 의심하며 사람을 놓아 주지 않았다. 조사원이 여권을 조사한다며 압수해 가져갔을 때는, 심지가 굳은 와합이지만 순간 아찔했던 것 같다. 와합의 여권은 분실하거나 빼앗기면 재발급이 불가능했으므로.

조사원이 자신만을 덩그러니 놓아두고 간 사이, 와합은 친구들에게 메시지를 보냈다. '공익법센터 어필'의 이일 변호사님을 비롯하여 그밖에 도움을 요청할 만한 단체에 있는 분들 연락처를 만약의 사태에 대비하여 보내 왔다. 그러나 한국도 아닌 터키에 있는 와합을 그분들이 어떻게 도와줄 수 있을지 의문이었다. 늘 겪던 일이니 괜찮을 거라고 위로했지만 우리도 함께 불안에 떨었다.

결국 조사원은 한 시간 가까이 진을 빼놓은 뒤에 와합을 보내 주었다. 와합은 자신을 기다리고 있던 승무원들과 같이 뛰다시피 하여 비행기에 탑승했다. 승객들은 모든 준비를 다 끝내고 앉아 있었다. 항상 그렇듯이, 지연된 이륙 탓에 승객들의 눈총을 혼자 온몸에 받는 것은 그의 몫이었다.

그러나 아무리 매번 겪는 일이라고 해도 치욕감까지 익숙해질 수 있을까.

토독! 토독! 채팅 메시지 알림음이 들린다.

여행을 다녀오고 꽤 시간이 지났지만 우리는 여전히 '터키 여행 채팅방'을 유지하며 와합 가족의 사진이나 여행의 추억을 공유한다. 와합이 어린 두 조카의 사진을 보냈다.

자그만 새끼 새들처럼 나란히 머리를 맞대고 잠이 든 두 천사였다.

흩뜨린 곱슬머리, 긴 속눈썹, 사과같이 발그레한 볼, 꼬옥 다문 도톰한 입술.

마주 보며 평안하게 잠든 어린 형제의 모습은 사진이라기보다 그림 같았다.

너무나 사랑스러워 옆에 있는 동생에게 말했다.

"정말…… 아름답지 않니? 마치 명화 속 한 장면 같아."

"글쎄…… 그렇지만……."

잠시 뜸을 들이다 동생이 말한다.

"어쩐지, 어딘가 슬퍼 보여."

동생에게서 돌아온 대답이 사뭇 낯설다.

그런데 전혀 예상치 못한 동생의 대답을 듣고 보니 그렇게도 보인다.

왜일까.

모든 사정을 알고 바라보는 이의 눈이 슬퍼서일까.

아니면 사랑을 담뿍 받으며 크고 있어도, 타국에서 겪는 난민살이의 힘듦이 아무것도 모르는 이 아이들에게도 자연스레 스며들어 있기 때문일까.

✳ ✳ ✳

2020년 10월. 와합은 대한민국 국적을 취득하여 드디어 신분상의 자유(?)를 얻었다.

국적수여식 날, 평소 좋아하던 한복을 선물 받아 차려입고 나타난 와합. 훈민정음 금박 문양이 찍힌 한복 마스크까지 멋들어지게 맞춰 쓰고 왔다. 코로나19 영향으로 수여식은 싱거울 정도로 조촐했으나, 와합의 분홍색 저고리는 식장을 화사하게 밝히고 있었다. 평일 오전에 있는 수여식이었지만 여러 친구와 지인이 참석해서 가족을 대신하여 축하해 주었다.(아쉽게도 난 가지 못했지만.)

와합은 길거리에서 지도 교수님인 정용상 교수님과 인권운동가 이창수 선생님께 감사의 큰절을 올렸다. 권산 작가의 제안에 "대한민국 만세!", "시리아 만세!"를 크게 외쳤다.

갑자기 추워진 날씨로 날이 매서웠다. 하지만 와합을 둘러싼 빛은 사진으로 봐도 느껴질 만큼 봄날의 빛을 띠고 있었다. 와합에게 이제까지와 다른, 아주 즐겁고 행복한 삶이 펼쳐지기를 기원한다.

와합 동생들의 근황을 살짝 덧붙인다면,

칼릴은 노르웨이로 간 지 3년 만에 영주권을 받았고 이웃과 어울리며 즐겁게 지내고 있다. 몇 달 전에는 사랑스러운 여자 친구랑 약혼을 했다.

위살은 작년에 결혼을 해서 자상한 남편과 행복하게 살고 있고 곧 아기 엄마가 된다.

어린 두 남동생 라홈과 하순은 지난 9월에 늠름한 대학생이 되었다.

터키에서는 미래가 보이지 않아 형이 있는 노르웨이로 향했던 사미르는 1년 반이 넘도록 유랑하며 온갖 고생길을 걸었지만, 며칠 전 드디어 독일에 당도했다. 이제 곧 노르웨이로 갈 것이다.

삶은 분명 더 좋은 방향으로 나아가고 있다.

바라건대, 시리아에도 빨리 평화가 오기를.

감사의 글

✳
✳

언제나 나의 든든한 지원자며 이 책이 나오길 누구보다 기쁘게 기다리고 계실 부모님, 그리고 책을 써 보라고 제일 먼저 꼬드기고(?) 집필 기간 동안 집안일을 담당해 준 동생. 너무나 사랑하고 자랑스러운 우리 가족에게 이 책과 감사의 마음을 전합니다.

나를 믿고 자신의 귀한 이야기를 집필하게 해 준 압둘와합에게도 고맙습니다. 인터뷰, SNS의 글과 같은 모든 자료를 기꺼이 제공했을 뿐만 아니라, 큰 용기까지 주었기에 이 책이 나올 수 있었습니다.

내가 갈대처럼 흔들릴 때마다 지지하고 도와준 고마운 부부, 후배 명순이와 권기 씨에게도 마음을 전합니다. 이들이 아니었으면 이 책은 아직도 구상 중에 있었을지도 모릅니다. 그리고 지난한 집필 기간 동안 웃음과 위로를 준 경아, 주현이, 정화, 제자 지원이. 기도해 주신 지현주 순장님과 권산 작가님. 투고를 격려해 주신 박진숙 작가님. 글을 모니터링해 주신 이일 변호사님과 사피웃딘 님. 이 책을 멋지게 만들어 주신 정회엽 팀장님. 응원해 주신 지인 분들, 동료 선생님들, 헬프시리아 멤버들. 이분들께도 고마운 마음을 담아 인사합니다.

끝으로, 이 글을 시작할 마음, 매 순간의 지혜, 그리고 끝마칠 수 있는 인내를 주신 그분께 가장 큰 사랑과 감사를 드립니다.

내 친구 압둘와합을 소개합니다

― 어느 수줍은 국어 교사의 특별한 시리아 친구 이야기

ⓒ 김혜진, 2021

2021년 3월 15일 초판 1쇄 발행
2024년 7월 30일 초판 6쇄 발행

지은이 김혜진
펴낸이 류지호
편집 이기선, 김희중 • **디자인** 박은정

펴낸 곳 원더박스 (03169) 서울시 종로구 사직로10길 17 인왕빌딩 301호
대표전화 02) 720-1202 • **팩시밀리** 0303-3448-1202
출판등록 제2022-000212호(2012. 6. 27.)

ISBN 979-11-90136-40-2 03300

★ 잘못된 책은 구입하신 서점에서 바꾸어 드립니다.
★ 독자 여러분의 의견과 참여를 기다립니다.
  블로그 blog.naver.com/wonderbox13 • 이메일 wonderbox13@naver.com